Verena Keil (Hg.)
Weihnachtswunder für dich

Über die Herausgeberin

Verena Keil ist Lektorin bei Gerth Medien und hat bereits eine ganze Reihe von Geschichtensammlungen herausgegeben.

Verena Keil (Hg.)

WEIHNACHTS
Wunder
FÜR DICH

Geschichten und Gedanken
für die schönste Zeit des Jahres

GerthMedien

Inhalt

Vorwort

Eine kleine Atempause gefällig? Da Sie dieses Büchlein gerade in den Händen halten, haben Sie bereits den ersten Schritt dafür getan ... Nun holen Sie sich noch einen Kaffee, einen Tee oder einen heißen Kakao, suchen sich ein gemütliches Plätzchen – und dann lassen Sie die Adventsfreude in Ihr Herz einziehen!

Die Geschichten, Gedanken und Gedichte auf den nächsten Seiten wollen Sie einladen, innezuhalten und neu Kraft, Hoffnung und Zuversicht zu schöpfen. Vor allem aber wollen sie dazu ermutigen, sich anrühren zu lassen von Weihnachten und dem Geheimnis hinter diesem Fest ganz neu auf die Spur zu kommen. Ein Geheimnis, das einen Namen hat: Jesus, durch den Gott uns ganz nahekommen will.

Wundervolle Entdeckungen
und eine frohe Lektüre
wünscht Ihnen Verena Keil

Brich an, du schönes Morgenlicht

Max von Schenkendorf

Brich an, du schönes Morgenlicht
Das ist der alte Morgen nicht
Der täglich wiederkehret
Es ist ein Leuchten aus der Fern
Es ist ein Schimmer, ist ein Stern
Von dem ich längst gehöret

Der Himmel ist jetzt nimmer weit
Es naht die sel'ge Gotteszeit
Der Freiheit und der Liebe
Wohlauf, du frohe Christenheit
Dass Jeder sich nach langem Streit
In Friedenswerken übe

Wer ist noch, welcher sorgt und sinnt?
Hier in der Krippe liegt ein Kind
Mit lächelnder Gebärde
Wir grüßen dich, du Sternenheld
Willkommen, Heiland aller Welt!
Willkommen auf der Erde!

Reise

Dania König

Im Advent bauen die Kinder die Krippe mit den Holzfiguren auf. Außer von Ochs und Esel ist sie noch unbewohnt, in der Krippe liegt nur Stroh. Irgendwo in unserem Wohnzimmer machen sich Maria und Josef auf den Weg, auf der Kommode ruhen die Hirten mit ihren Schafen vor dem Blumentopf mit dem Weihnachtskaktus. Und ganz hinten unter dem Klavier ist das Morgenland, in dem die Weisen gerade ihre Schätze in die Truhe packen und nach dem Stern Ausschau halten, der über der Krippe aufgehängt ist.

Sie alle gehen auf eine Reise. Und ich gehe mit. Mache mit ihnen eine „Pilgerreise zur Entdeckung Gottes"*.

Ich bin dabei ein bisschen Maria, bewege Fragen und Worte in meinem Herzen.

Ich bin manchmal auch ein Hirte, fühle mich außen vor und werde doch Zeuge von Wundern.

Und ich bin auch wie die Weisen: Ich folge dem Stern, der sich mir in den dunklen Nächten zeigt, aber am Tag nicht zu sehen ist. Ich folge ihm in die Tiefe, Weite, Höhe, um schließlich mit all meinen Fragen, meinen Wunden und meinem Gold anzukommen in einem kleinen Stall, wo ein wehrloses Baby auf Heu und auf Stroh liegt und das Ziel meiner Reise ist.

---

* Eugen Drewermann, „Der offene Himmel", Patmos Verlag, Schwabenverlag AG, Ostfildern 1990

Dieses Kind in der Krippe ist der menschgewordene Gott, der mich hierhergestellt hat, in diese Welt, gemeinsam mit Maria, Josef, den Hirten und den Weisen. Der die Sterne ins Leben gerufen und sich wollige Schäfchen erdacht hat. Der schon immer da war und auch jetzt da ist wie in jener ersten Weihnacht in Bethlehem.

Jetzt ist er hier, in meinem Wohnzimmer, wo ich unter dem selbst gebastelten Stern aus Pergamentpapier sitze und auf Weihnachten warte. Auf ihn.

Und jeden Tag entdecke ich ein kleines Stückchen mehr von diesem Gott, der seinen Funken in alle und alles gelegt hat, der mich erfüllt und umgibt wie die Atemluft um mich herum.

Ich mache mich auf die Suche, jeden Tag wieder, auf „eine Suche nach der Menschlichkeit (...), eine Wallfahrt zum Herzen, eine Pilgerreise zur Entdeckung Gottes"[*]!

---

[*] Ebd.

Ich liebe Weihnachten

Max Lucado

Ich liebe Weihnachten. Lasst die Glöckchen an den Schlitten erklingen. Lasst die Kinder Weihnachtslieder singen. Je mehr Nikoläuse, desto lustiger. Je mehr Weihnachtsbäume, desto besser.

Ich liebe Weihnachten. Die Weihnachtslieder in den Kaufhäusern. Den Glühwein und den Lebkuchenduft. Die „Stille Nacht" und die Plätzchen.

Ich beklage mich nicht über die überfüllten Geschäfte. Ich klage nicht über das Gedränge im Supermarkt. Der Flug ist ausgebucht? Das Restaurant bis auf den letzten Platz besetzt? Na und?! Es ist schließlich Weihnachten.

Und ich liebe Weihnachten.

Ich liebe das ganze Drumherum. *Der kleine Lord*, *Ist das Leben nicht schön?* und *Eine Weihnachtsgeschichte* von Charles Dickens, die Lichterketten und die Geschenkestapel.

Das Lametta und die Bienenwachskerzen, die Aufregung vor der Bescherung. Die strahlenden Kinderaugen, die Weihnachtskarten und der Gänsebraten. Die Schneemänner, die Wintermützen und die rote Nase von Rudolf, dem Rentier.

Ich liebe Weihnachten.

Ich liebe Weihnachten, weil bestimmt irgendwo irgendwer die üblichen Weihnachtsfragen stellen wird: Worum geht es bei diesem Kind in der Krippe? Wer war das eigentlich? Was hat seine Geburt mit mir zu tun? Der

Fragesteller ist vielleicht ein Kind, das eine Weihnachtskrippe in einem Vorgarten betrachtet. Oder ein Soldat, der fern der Heimat stationiert ist. Vielleicht ist es auch eine junge Mutter, die zum ersten Mal am Heiligabend ein Kind in ihren Armen hält. Die Weihnachtszeit lädt dazu ein, Fragen zu stellen.

Ich liebe Weihnachten, weil irgendwo irgendwer die üblichen Weihnachtsfragen stellen wird: Worum geht es bei diesem Kind in der Krippe?

Ich kann mich noch an das erste Mal erinnern, als ich diese Fragen stellte. Ich wuchs als Sohn eines Mechanikers und einer Krankenschwester in einer kleinen Stadt im Westen von Texas auf. Wir waren zwar nicht arm, aber auch nicht wohlhabend. Mein Vater verlegte Pipelines in den Ölfeldern, Mom machte im Krankenhaus Nachtdienst von drei bis elf Uhr morgens. Ich ging jeden Morgen mit meinem Bruder zur Grundschule und spielte nachmittags mit den Nachbarskindern Ball.

Dad war fürs Abendessen verantwortlich. Mein Bruder spülte das Geschirr, und ich war dafür zuständig, den Boden zu wischen. Wir Jungs badeten um acht Uhr und waren um neun im Bett – und durften eine Sache tun, bevor wir das Licht ausmachten: Wir durften lesen.

Die Kiste am Fußende unseres Bettes enthielt Kinderbücher. Große Bücher, die alle einen glänzenden Umschlag und leuchtende Bilder hatten. Die drei Bären lebten in der Kiste. Und der große, böse Wolf und die sieben Zwerge und ein Affe mit einer Brotdose, an dessen Namen ich mich nicht erinnern kann. Und irgendwo in der Kiste, unter all den Märchenbüchern, lag ein Buch über das Jesuskind.

Auf dem Umschlag war eine Krippe mit gelbem Stroh abgebildet. Über dem Stall leuchtete ein Stern. Josef und ein Esel standen mit großen Augen neben Maria und dem Kind, das sie in ihren Armen hielt. Sie blickte auf das Neugeborene hinab, und das Kind blickte zu ihr auf, und ich erinnere mich noch heute daran, wie ich die beiden betrachtete.

Eines Tages hatte mein Vater, der nie viele Worte machte, meinem Bruder und mir gesagt: „Beim Christfest geht's um Christus, Jungs."

An einem jener Zubettgeh-Lesezeit-Abende dachte ich irgendwo zwischen den Märchen und dem Affen mit der Brotdose an das, was er gesagt hatte. Ich begann die Weihnachtsfragen zu stellen. Auf die eine oder andere Weise habe ich sie seitdem ständig gestellt.

Und ich liebe die Antworten, die ich darauf gefunden habe. Zum Beispiel diese: Gott weiß, wie es ist, ein Mensch zu sein. Wenn ich mit ihm über Abgabetermine oder Warteschlangen oder schwierige Zeiten rede, versteht er mich. Er hat es selbst erlebt. Er ist hier gewesen. Wegen Bethlehem habe ich einen Freund im Himmel.

Wegen Bethlehem habe ich einen Retter im Himmel. An Weihnachten nahm das, was wir an Ostern feiern, seinen Anfang. Das Kind in der Krippe wurde schließlich zum König am Kreuz. Und weil das so war, gibt es keine schwarzen Flecken in meiner Akte. Nur Gnade. Sein Angebot enthält kein Kleingedrucktes. Er hat nicht gesagt: „Wasch dich, bevor du reinkommst." Er hat mir angeboten: „Komm rein und lass dich von mir waschen." Es geht nicht darum, dass ich ihn festhalte. Was zählt, ist, dass er mich festhält. Und seine Hand ist stark.

Wegen Bethlehem habe ich einen Retter im Himmel. An Weihnachten nahm das, was wir an Ostern feiern, seinen Anfang. Das Kind in der Krippe wurde schließlich zum König am Kreuz.

Und seine Gegenwart in meinem Leben auch. Geschenke vom Weihnachtsmann? Das ist nett. Aber die ständige Gegenwart Christi? Die ist lebensverändernd.

Gott ist uns immer nah. Immer für uns. Immer in uns. Wir vergessen ihn vielleicht mal, aber Gott vergisst uns nie. Wir haben einen festen Platz in seinen Gedanken und in seinen Plänen. Er nannte sich selbst Immanuel: „Gott ist mit uns" (Matthäus 1,23).

Nicht nur: „Gott hat uns erschaffen."

Nicht nur: „Gott denkt an uns."

Nicht nur: „Gott ist irgendwo über uns."

Sondern Gott mit uns. Gott ist da, wo wir sind: im Büro, in der Küche, im Flugzeug. Er hat unsere Luft geatmet und ist über diese Erde gegangen. Gott – mit – uns!

Wir brauchen diese Botschaft mehr als je zuvor. Wir leben in einer Zeit, in der uns vieles Angst macht. Der

Terrorismus macht seinem Namen alle Ehre – er verbreitet Schrecken. Gewalt überschattet unseren Planeten wie eine dunkle Wolke. Denken Sie an die Bilder in den Nachrichten: die sinnlosen Angriffe, das Blutvergießen, die blindwütigen Grausamkeiten.

Und als wäre das alles noch nicht genug: die Angst vor einer neuen Wirtschaftskrise. Die Aktienkurse gehen in den Keller und die Weltwirtschaft steht vor dem Abgrund. Auch die Hirten hielten nachts ein Auge offen – allerdings wachten sie nicht über ihre Aktien, sondern über ihre Herden.

Und da ist noch mehr, das Ihnen eine schlaflose Nacht bereiten könnte:

Die Arbeitsstelle, die Sie nicht behalten können.

Der Tumor, den Sie nicht entdecken können.

Die Ehe, die Sie nicht retten können.

Der Chef, dem Sie es nicht recht machen können.

Wir kommen uns vor wie der kleine Junge, der in der Weihnachtsgeschichte die Rolle des Engels spielte. Er hatte gemeinsam mit seiner Mutter immer wieder zwei kurze Sätze geprobt: „Ich bin's! Habt keine Angst!"

Aber als das Krippenspiel anfing, betrat er die Bühne, sah die Lichter und die Zuschauer und erstarrte vor Schreck. Nach einem Moment peinlicher Stille sagte er schließlich: „Ich bin's! Und ich habe Angst!"

Haben Sie Angst? Falls ja, wie wär's mit ein bisschen Weihnachten? Ich meine keine Dosis zuckersüßer Gefühlsduselei oder falscher Nikolausfröhlichkeit und auch nicht hochprozentigen Glühwein. Das ist nicht Weihnachten. Wie mein Vater schon sagte: Beim Christfest geht's um Christus. Es heißt schließlich nicht Kerzenfest oder Einkaufsfest oder Rentierfest. Es heißt Christfest. Und Weihnachten ist kein Christfest, wenn wir die eigentliche Botschaft von Bethlehem vergessen.

Gott ist uns immer nah.
Immer für uns. Immer in uns.
Wir vergessen ihn vielleicht,
aber Gott vergisst uns nie.

Wie soll ich dich empfangen
Paul Gerhardt

Wie soll ich dich empfangen
und wie begegn' ich dir,
o aller Welt Verlangen,
o meiner Seelen Zier?
O Jesu, Jesu, setze
mir selbst die Fackel bei,
damit, was dich ergötze,
mir kund und wissend sei.

Das schreib dir in dein Herze,
du hochbetrübtes Heer,
bei denen Gram und Schmerze
sich häuft je mehr und mehr;
seid unverzagt, ihr habet
die Hilfe vor der Tür;
der eure Herzen labet
und tröstet, steht allhier.

Ihr dürft euch nicht bemühen
noch sorgen Tag und Nacht,
wie ihr ihn wollet ziehen
mit eures Armes Macht.
Er kommt, er kommt mit Willen,
ist voller Lieb und Lust,
all Angst und Not zu stillen,
die ihm an euch bewusst.

Frieden finden

Annemarie Pfeifer

Frieden – wie können wir diesem abstrakten Begriff Leben einhauchen? Ein etwas ungewohnter Gedanke: Wie würden Sie Frieden malen? Lassen Sie sich von einer kleinen Geschichte anregen: „Es war einmal ein König, der schrieb einen Preis im ganzen Land aus: Er lud alle Künstlerinnen und Künstler dazu ein, den Frieden zu malen, und das beste Bild sollte eine hohe Belohnung bekommen.

Alle Malerinnen und Maler im Land machten sich eifrig an die Arbeit und brachten dem König ihre Werke. Von allen Bildern, die gemalt wurden, gefielen dem König zwei am besten. Zwischen denen musste er sich nun entscheiden. Das erste war ein perfektes Abbild eines ruhigen Sees. Im Wasser spiegelten sich die malerischen Berge, die den See umrandeten, und man konnte jede kleine Wolke im Wasser wiederfinden. Jeder, der das Bild sah, dachte sofort an den Frieden.

Das zweite Bild war ganz anders. Auch hier waren Berge zu sehen, aber diese waren zerklüftet, rau und kahl. Am düsteren grauen Himmel über den Felsen jagten sich wütende Wolkenberge, und man konnte den Regen fallen sehen, den Blitz aufzucken und auch fast schon den Donner krachen hören. An einem der Berge stürzte ein tosender Wasserfall in die Tiefe, der Bäume, Geröll und kleine Tiere mit sich riss. Keiner, der dieses Bild sah, verstand, wieso es hier um Frieden gehen sollte. Doch der

König sah hinter dem Wasserfall einen winzigen Busch, der an der zerklüfteten Felswand wuchs. In diesem kleinen Busch hatte ein Vogel sein Nest gebaut. Dort in dem wütenden Unwetter an diesem unwirtlichen Ort saß der Muttervogel in seinem Nest – in perfektem Frieden.

Welches Bild gewann den Preis? Der König wählte das zweite Bild und begründete das so: ‚Lasst euch nicht von schönen Bildern in die Irre führen: Frieden braucht es nicht dort, wo es keine Probleme und keine Kämpfe gibt. Wirklicher Frieden bringt Hoffnung und heißt vor allem, auch unter schwierigsten Umständen und größten Herausforderungen ruhig und friedlich im eigenen Herzen zu bleiben.'" (Autor unbekannt)

Wer erkennt das große Wunder?

Martin Luther

Siehe, wie gar schlicht und einfältig die Dinge doch zugehen auf Erden – und doch für so groß gehalten werden im Himmel. Auf Erden geht es so zu: ein armes junges Mädchen, Maria aus Nazareth, nicht geachtet und zu den geringsten Bürgerinnen der Stadt gezählt. Dort merkt niemand etwas von dem großen Wunder, das sie trägt. Maria schweigt auch still, sie macht sich auf mit Josef – sie haben weder Magd noch Knecht, sondern er ist Herr und Knecht und sie Frau und Magd im Haus. Sie haben das Haus stehen lassen oder anderen anbefohlen.

Als sie nun in Bethlehem ankamen – so zeigt uns der Evangelist, dass sie die Allergeringsten und Verachtetsten waren, die für jedermann hatten Platz machen müssen, bis man sie zu einem Stall wies – mit dem Vieh zusammen in einer gemeinsamen Herberge. Indes saß so mancher böse Mensch oben im Gasthaus und hat sich als einen Herrn ehren lassen. Und niemand hat gemerkt noch erkannt, was Gott da eben im Stall wirkt ...

O welche eine finstere Nacht ist damals über Bethlehem gewesen, die ein solches Licht nicht erkannt hat! Und wie sehr hat Gott bewiesen, dass er so gar nicht achtet, was die Welt ist, hat und vermag. Und andersherum beweist die Welt, dass sie gar nichts erkennt noch achtet, was Gott ist, hat und wirkt.

Leicht bearbeitet und gekürzt

Jesus wird geboren
Aus der Bibel

Zu jener Zeit ordnete der römische Kaiser Augustus an, dass alle Bewohner des Römischen Reiches behördlich erfasst werden sollten. Diese Erhebung geschah zum ersten Mal, und zwar, als Quirinius Statthalter von Syrien war. Alle Menschen reisten in ihre betreffende Stadt, um sich für die Zählung eintragen zu lassen. Weil Josef ein Nachkomme Davids war, musste er nach Bethlehem in Judäa, in die Stadt Davids, reisen. Von Nazareth in Galiläa aus machte er sich auf den Weg und nahm seine Verlobte Maria mit, die schwanger war. Als sie in Bethlehem waren, kam die Zeit der Geburt heran. Maria gebar ihr erstes Kind, einen Sohn. Sie wickelte ihn in Windeln und legte ihn in eine Futterkrippe, weil es im Zimmer keinen Platz für sie gab.

Lukas 2,1–7; Neues Leben Bibel

Schlussplädoyer in einem Gerichtsverfahren
Hella Thorn

„Meine Damen und Herren, was sich hier ereignet hat, ist unglaublich und widerspricht allen unseren Gesetzen. Zunächst einmal diese Volkszählung – wie ist die denn mit unseren Datenschutzbestimmungen vereinbar? Und überhaupt: Maria hatte Anspruch auf Mutterschutz und ärztliche Betreuung gehabt, wieso musste sie da tagelang auf einem Esel durch die Kälte reiten? Außerdem möchte ich auch den Herbergsvater zur Rechenschaft ziehen. Eine Frau, die kurz vor der Geburt steht, in einem kalten Stall übernachten zu lassen und dann noch nicht mal einen Arzt kommen zu lassen, sobald die Wehen einsetzen ...! Das ist unterlassene Hilfeleistung! Und: Statt der Familie dann wenigstens Ruhe zu gönnen, lässt man diese Halunken, diese wie Bettler aussehenden Hirten, zu ihnen ... Als wäre das alles noch nicht genug, schickt man ihnen dann auch noch diese Wissenschaftler auf den Hals, damit sie das Kind begaffen. Die Geschenke, die sie dabeihatten, waren extrem gefährlich! Myrrhe und Weihrauch – wenn das Kind etwas davon in den Mund genommen hätte, wäre es jetzt sicherlich tot. Ich beantrage hiermit, die Angeklagten aufgrund der ihnen zur Last gelegten Vergehen zu einer Gefängnisstrafe zu verurteilen."

Wie gut, dass es dieses Gerichtsverfahren nie gab. Ob sonst wohl alles so nach Plan gelaufen wäre?

Weihnachtsabend

Karl May

„Ich verkünde große Freude,
Die Euch widerfahren ist;
Denn geboren wurde heute
Euer Heiland Jesus Christ!"

Jubelnd klingt es durch die Sphären,
Sonnen künden's jedem Stern,
Weihrauch duftet auf Altären
Glocken klingen nah und fern.

Tageshell ists in den Räumen
Alles atmet Lust und Glück
Und an bunt behang'nen Bäumen
Hängt der freudetrunkne Blick.

Fast ists, als ob sich die helle
Nacht in Tag verwandeln will;
Nur da oben in der Zelle
Ists so dunkel, ists so still.

Da erbraust im nahen Dome
Feierlich der Orgel Klang
Und im majestät'schen Strome
Schwingt sich auf der Chorgesang:

Darum gilt auch Dir die Freude,
Die uns widerfahren ist;
Denn geboren wurde heute
Auch Dein Heiland Jesus Christ!

Der Stall
Joni Eareckson Tada

Es war eine kühle Nacht in der kleinen judäischen Stadt Bethlehem. Eine Nacht, in der man der kalten, feuchten Luft entfliehen und die Wärme und Geborgenheit eines gemütlichen Wirtshauses aufsuchen möchte. Und die Leute drängten sich förmlich in das Wirtshaus am Ende der Straße. Sie ließen ihre Esel und Kamele beim Hinterhof im Stall und schlossen die Tür vor der Nachtluft.

Innen im Wirtshaus lachte und plapperte alles durcheinander. Ferne Verwandte, die sich schon seit Jahren nicht gesehen hatten, erneuerten bei einem Teller heißer Suppe und einem Kelch Wein ihre familiären Beziehungen. Sie brachen zusammen das Brot und tauschten Geschichten über ihre Reisen aus. Ein Teenager in der Ecke klimperte auf seiner Leier, und mehrere Väter klatschten zum Rhythmus.

Inmitten des Ansturmes von Bestellungen, die an die Tische gebracht werden mussten, ging der Wirt mit einem Tablett voller Brote und Fleischstücke an die Tür, weil jemand klopfte. Ein Mann – Josef hieß er – stand draußen, seinen schlichten Mantel bis zum Kinn hochgezogen. Es war spät, es war kalt, und er brauchte zusammen mit seiner Frau ein Zimmer. Ein einziger Blick verriet dem Wirt, dass die Frau hochschwanger war. Bei so viel Getöse hinter ihm konnte er seine eigene Stimme kaum hören, aber er schaffte es, ihnen klarzumachen, dass kein Zimmer mehr frei war, bloß ein oder zwei leere Boxen im Stall im Hinterhof.

Mit einem Schulterzucken entschuldigte sich der Wirt schnell und zog die Tür zu. Draußen stand Josef einen Moment lang da und lauschte dem Lachen im Innern. Maria wartete auf ihn in der nächtlichen Stille. Das junge Paar machte sich auf den Weg zum Stall. Und während die Musik und das Gelächter und das Schlemmen immer weitergingen, trat nur wenige Meter hinter den Wänden des Wirtshauses der Sohn Gottes in die Geschichte der Menschheit ein.

Manchmal kommen die besten Augenblicke der Weihnachtszeit nicht während der überfüllten Feiern oder der gehetzten Vorbereitungen. Sie kommen nicht in der Musik und dem Gelächter, nicht im geselligen Beisammensein oder beim Festessen.

Wenn ich in mir besonders wertvolle Weihnachtserinnerungen wachrufe, dann fallen mir jene stillen Momente ein, in denen Gott mich unerwartet überraschte. Mit sich selbst. Mit einem überwältigenden Gefühl seiner Nähe und Liebe.

Inmitten so vieler Aktivitäten, inmitten all des Rummels, all der Tage auf dem Kalender, die mit Verabredungen und Festen gefüllt sind, sucht Gott nach einem ruhigen Herzen – und spricht zu uns mit einer sanften, leisen Stimme.

Denken Sie an den Stall in Bethlehem. Irgendwie steht er ruhig da. Welch ein Unterschied zum Feiern im Wirtshaus! Wer hätte das gedacht? Wer hätte es vermutet? Wenn sich jemand doch nur die Zeit genommen hätte, aus dem Hinterfenster zum Stall zu sehen. Wenn jemand doch nur seine Beschäftigung unterbrochen, die Feier verlassen und nach seinem Esel gesehen hätte! Wenn sich jemand doch nur für einen Moment der Stille nach draußen begeben hätte!

Denken Sie nur, wovon sie Zeugen geworden wären! Vielleicht hätten sie die Engel gesehen. Vielleicht die Hirten. Und, ja, sogar den Sohn Gottes.

Nehmen Sie sich an diesem Weihnachten genug Zeit, einmal aus dem Tumult und der Aufregung hinauszutreten. Besuchen Sie den Stall und bitten Sie Gott, dass er in der Ruhe und Stille zu Ihnen sprechen möge. Er wird es tun!

Auf Gott hören
Sören Kierkegaard

Als mein Gebet immer andächtiger und innerlicher wurde, da hatte ich immer weniger zu sagen. Zuletzt wurde ich ganz still. Ich wurde, was womöglich noch ein größerer Gegensatz zum Reden ist, ich wurde ein Hörender. Ich meinte erst, Beten sei Reden. Ich lernte aber, dass Beten nicht bloß Schweigen ist, sondern Hören. So ist es: Beten heißt nicht, sich selbst reden hören. Beten heißt: still werden und still sein und warten, bis der Betende Gott hört.

Wo soll ich nur anfangen?

Bernhard von Clairvaux

Am besten bei deinen zahlreichen Beschäftigungen, denn ihretwegen habe ich am meisten Mitleid mit dir. Ich fürchte, dass du, eingekeilt in deine zahlreichen Beschäftigungen, keinen Ausweg mehr siehst und deshalb die Stirn verhärtest; dass du dich nach und nach des Gespürs für einen durchaus richtigen und heilsamen Schmerz entledigst. Es ist viel klüger, du entziehst dich von Zeit zu Zeit deinen Beschäftigungen, als dass sie dich ziehen und dich nach und nach an einen Punkt führen, an dem du nicht landen willst. Du fragst: „An welchen Punkt?" An den Punkt, wo das Herz hart wird. Wenn also alle Menschen ein Recht auf dich haben, dann sei auch du selbst ein Mensch, der ein Recht auf sich selbst hat. Warum solltest einzig du selbst nichts von dir haben? Wie lange noch schenkst du allen anderen deine Aufmerksamkeit, nur nicht dir selbst? Ja, wer mit sich selbst schlecht umgeht, wem kann der gut sein? Denk also daran: Gönne dich dir selbst. Ich sage nicht: „Tu das immer." Ich sage nicht: „Tu das oft." Aber ich sage: „Tu das immer wieder einmal. Sei wie für alle anderen auch für dich selbst da, oder jedenfalls sei es nach allen anderen."

Aus einem Brief an Papst Eugen III., 12. Jahrhundert

Das kaputte Christkind
Jeannie S. Williams

Letzten Dezember war ich in richtiger Weihnachtsstimmung und schmückte das Haus ausgiebig und kunstvoll. Unser Zuhause gehörte zu einem „Weihnachten der offenen Häuser", das von den Frauen unserer Kirchengemeinde gesponsert wurde, um Geld für eine örtliche Hilfsorganisation zu sammeln.

Während der Besichtigungstour bemerkte eine Frau das kleine Krippenset auf meinem Schreibtisch und bewunderte dessen Einfachheit und Schönheit. Nachdem sie es genauer betrachtet hatte, sah sie die leere Krippe und fragte: „Wo ist denn das Christkind?"

Ihre Frage weckte Erinnerungen an das Jahr, in dem ich das kaputte Krippenset kaufte.

Ich war in dem Jahr sehr verbittert und entmutigt, weil sich meine Eltern nach sechsunddreißig Jahren Ehe scheiden ließen. Ich konnte ihre Entscheidung, sich zu trennen, nicht akzeptieren und wurde depressiv. Dabei erkannte ich nicht, dass sie gerade jetzt meine Liebe und mein Verständnis nötiger hatten denn je.

Meine Gedanken kreisten ständig um Kindheitserinnerungen: den riesengroßen Weihnachtsbaum, den funkelnden Schmuck, die tollen Geschenke und die Liebe, die uns als Familie verband. Jedes Mal, wenn ich an jene Momente dachte, brach ich in Tränen aus, war ich mir doch sicher, dass ich nie wieder in echte Weihnachtsstimmung kommen würde.

Meine Kinder befürchteten schon, es würde dieses Jahr keinen Schnee zu Weihnachten geben. Doch zwei Tage vor dem Fest fing es an zu schneien. Wunderschön und still kam die weiße Pracht am Morgen und hatte gegen Abend schon alles bedeckt. Ich musste in die Stadt, um Geschenkpapier und Geschenkband zu kaufen, aber mir war überhaupt nicht danach. Selbst der frische Schnee rief Erinnerungen an die Vergangenheit wach.

Das Geschäft war voller Menschen, die noch ihre letzten Weihnachtseinkäufe erledigten. Sie drängten, schubsten und beschwerten sich, während sie gierig Artikel von den Regalen und Ständern rissen und sich gar nicht erst bemühten, ungewollte Artikel wieder an ihren Platz zu bringen. Weihnachtskerzen und Schmuck baumelten aus offenen Schachteln, und die wenigen Puppen und Stofftiere erinnerten mich an vernachlässigte Waisen, die kein Zuhause hatten. Ein kleines Krippenset war vor meinem Einkaufswagen auf den Boden gefallen. Ich hielt an, um es zurück ins Regal zu stellen.

Ein Blick auf die endlose Schlange an der Kasse sagte mir, dass die Sache es nicht wert war, und ich war gerade drauf und dran zu gehen, da hörte ich plötzlich, wie eine laute, grelle Stimme hinter mir schrie:

„Sarah! Nimm sofort das Ding da aus dem Mund!"

„Aber, Mama, ich hab es gar nicht in den Mund gesteckt! Siehst du, Mama? Ich hab's nur geküsst. Guck mal, das ist das Christkind!"

„Das ist mir ganz egal, was das ist. Leg das sofort wieder hin, hast du gehört?"

„Aber guck doch mal, Mama", beharrte das Kind. „Das

ist kaputt. Das ist eine kleine Krippe und das Christkind ist abgebrochen!"

Ich musste schmunzeln, als ich mir das Gespräch vom gegenüberliegenden Gang anhörte, und wollte das Mädchen gerne sehen, das das Christkind geküsst hatte. Unauffällig schob ich einige Kartons beiseite und spähte durch die Lücke zwischen den Regalen.

Sie schien vier oder fünf Jahre alt zu sein und war für das kalte, nasse Wetter nicht richtig angezogen. Statt einer Jacke trug sie einen sperrigen Pullover, der mehrere Größen zu weit für ihren kleinen, schmalen Körper war. Die Enden ihrer geflochtenen Zöpfe waren mit leuchtend buntem Garn festgebunden, wodurch sie trotz ihrer zerlumpten Kleidung einen heiteren Eindruck machte.

Ich sah ihr weiter zu, als sie die kleine Puppe an ihre Wange schmiegte. Dann fing sie zu summen an. Ich erkannte die Melodie, und ganz langsam füllten meine Augen sich mit Tränen. Eine weitere Erinnerung aus der Kindheit, ein vertrautes Lied: „Im Stall in der Krippe 'ne Wiege aus Streu, legt kleiner Herr Jesus sein Köpfchen auf Heu." Sie hatte aufgehört zu summen und sang nun sanft die Worte.

Widerwillig richtete ich meine Augen auf die Mutter. Sie schenkte dem Kind keine Beachtung, sondern schaute begierig die herabgesetzten Winterjacken durch, die bei der Kasse am Rabatt-Ständer hingen. Wie ihre Tochter war sie schäbig gekleidet, und ihre zerrissenen, schmutzigen Turnschuhe waren nass vom kalten Schmelzschnee. In ihrem Einkaufswagen lag ein kleines

Baby, behaglich eingehüllt in eine dicke, ausgewaschene gelbe Decke, und schlief friedlich.

„Mama!", rief das Mädchen ihr zu. „Können wir dieses kleine Christkind kaufen? Wir könnten es auf den Sofatisch stellen und wir könnten ..."

„Ich hab dir gesagt, du sollst das Ding weglegen!", unterbrach sie ihre Mutter. „Mach, dass du herkommst, und zwar dalli, sonst gibt's was hinten drauf. Hast du gehört?"

„Aber, Mama!", rief das Kind. „Bestimmt könnten wir es ganz billig kriegen, weil es kaputt ist. Du hast gesagt, einen Weihnachtsbaum bekommen wir nicht. Können wir dann nicht wenigstens diesen kleinen Jesus hier kaufen? Bitte, Mama, bitte!"

Ärgerlich lief die Mutter auf das Kind zu und ich wandte mich ab. Ich wollte nicht hinsehen, da ich dachte, sie würde ihre Drohung wahrmachen und das Kind bestrafen. Ein paar Sekunden verstrichen, während ich angespannt wartete, aber ich nahm kein Geräusch vom gegenüberliegenden Gang wahr.

Keine Bewegung, keine Schelte. Einfach Stille. Verdutzt schielte ich aus dem Augenwinkel und stellte überrascht fest, dass die Mutter auf dem nassen, schmutzigen Boden kniete und das Kind nahe an ihrem zitternden Körper hielt. Sie versuchte etwas zu sagen, brachte jedoch lediglich ein verzweifeltes Schluchzen heraus, und das kleine Mädchen schien ihren Kummer zu verstehen.

„Wein nicht, Mama!", bat sie. Sie schlang ihre Ärmchen um ihre Mutter, schmiegte ihren Kopf an die verblichene Jacke der Frau und entschuldigte sich eifrig für ihr Benehmen. „Es tut mir leid, dass ich hier im Laden nicht artig war. Ich verspreche, ich werde um nichts mehr betteln! Ich will das kleine Christkind hier auch gar nicht, wirklich, will ich gar nicht! Guck, ich tu es hier zurück in die Krippe. Bitte weine nicht mehr, Mama!"

„Es tut mir auch leid, Liebling", sagte ihre Mutter schließlich. „Du weißt, dass ich momentan nicht genug Geld habe, um irgendetwas extra zu kaufen. Und ich weine einfach, weil ich mir wünschte, ich könnte – ist ja immerhin Weihnachten und so –, aber wenn du versprichst, ein braves Mädchen zu sein, wird der liebe Weihnachtsmann dir vielleicht das kleine Spielzeuggeschirr bringen, das du haben wolltest. Und vielleicht können wir uns nächstes Jahr sogar einen richtigen Weihnachtsbaum holen. Wie wäre es damit, was meinst du? Komm, lass uns nach Hause gehen, ehe Jackie aufwacht und auch noch zu heulen anfängt." Sie lachte sanft, drückte ihre Tochter an sich und küsste sie kurz auf die Stirn.

Das Mädchen hielt immer noch die kleine Puppe in ihren Händen. Sie wandte sich um und legte sie zurück ins Regal. Sie strahlte vor Vorfreude. Die Aussicht, der Weihnachtsmann könne ihr eine Geschirrsammlung bringen, war alles, was sie brauchte, um wieder glücklich zu sein.

„Weißt du was, Mama?", verkündete sie begeistert. „Ich brauch die kleine Jesus-Babypuppe hier sowieso nicht. Weißt du, warum? Weil die Kinderstundentante gesagt hat, dass das Jesus-Baby in echt in unseren Herzen wohnt!"

Ich schaute auf das Krippenset. Mir wurde bewusst, dass ein vor ungefähr zweitausend Jahren in einem Stall geborenes Baby eine Person war, die auch heute noch mit uns geht, die ihre Gegenwart zu erkennen gibt und uns durch die Schwierigkeiten des Lebens führt, wenn wir es nur zulassen. Ich wusste: Um an dem herrlichen Wunder von Weihnachten teilzuhaben und Gott in Christus zu erkennen, musste ich ihn erst einmal in meinem Herzen erleben.

„Danke, Gott", begann ich zu beten. „Danke für eine wundervolle Kindheit, die voller kostbarer Erinnerungen ist, und für Eltern, die mir ein Zuhause schafften und mir die Liebe gaben, die ich in den wichtigsten Jahren meines Lebens so nötig hatte. Doch am meisten danke ich dir, dass du deinen Sohn gegeben hast."

Schnell nahm ich die Teile des Krippensets und eilte zur Kasse. Ich erkannte eine der Verkäuferinnen und bat sie, die Puppe dem kleinen Mädchen zu geben, das gerade zusammen mit ihrer Mutter das Geschäft verließ. Ich erklärte, dass ich die Puppe später bezahlen würde. Ich beobachtete, wie das Kind das Geschenk entgegennahm, und dann sah ich, wie sie „Baby Jesus" einen weiteren Kuss gab und durch die Tür ging.

Einmal mehr steht Weihnachten vor der Tür. Weihnachten: eine Zeit des Fröhlichseins, eine Zeit des Gebens, eine Zeit des Erinnerns!

Das kleine kaputte Krippenset, das ich mir an dem Abend zulegte, schmückt zu Weihnachten immer meinen Schreibtisch. Es steht dort, um mich an ein Kind zu erinnern, dessen einfache Worte mein Leben berührten.

Die Geburtsstätte des Königs

William Barcley

Als der Herr der Herrlichkeit auf diese Erde kam, wurde er in einer Höhle geboren, in der Menschen ihren Tieren Unterkunft gaben. Die Grotte in der Geburtskirche in Bethlehem mag ebendiese Höhle sein, oder auch nicht. Das wird man nie mit Sicherheit sagen können. Doch die Symbolik hat etwas Wunderschönes. Die Kirche über der Grotte hat nämlich eine derart niedrige Tür, dass jeder, der eintreten möchte, sich bücken muss. Es ist ein höchst passender Umstand, dass sich jeder dem Christkind auf Knien nähern muss.

Jupiter und Saturn

Thomas Joussen

Welches Bild entsteht bei Ihnen im Kopf bei dem Begriff „Weihnachtsstern?" Die zumeist knallrote Zimmerpflanze mit den sternförmig angeordneten Blättern, die sich selbst bei liebloser Pflege bis weit nach Ostern hält? Oder der Stern über dem Stall von Bethlehem? Stimmt ja beides irgendwie ... Und wer die unglaublichen Umsatzerfolge des Weihnachtssterns – also der Pflanze – in Deutschland und vor allem den USA kennt, ahnt, woran die meisten denken: Etwa 40 Millionen Exemplare gehen bei uns über die Theken der Floristen, etwa 100 Millionen in den Staaten, die diese Pflanze besonders ins Herz geschlossen haben, bevorzugt mit Glitzer bestäubt.

Zurück zum Stern über der Krippe, der auf jeden Fall für sich beanspruchen darf, zuerst da gewesen zu sein: Die meisten Astronomen vertreten heute die Theorie, dass der helle Schein weder auf eine Supernova noch auf einen Kometen zurückzuführen ist. Vielmehr haben sich von der Perspektive der drei Weisen aus dem Morgenland, denen das Licht ja zur Orientierung diente, die Planeten Jupiter und Saturn im Zeichen der Fische so angenähert, dass dieses ungewöhnliche Sternbild entstanden ist.

Und so haben das die Sterndeuter damals gedeutet: Der Königsstern (der Jupiter) und der Stern des jüdischen Volkes (der Saturn) treffen sich im Sternbild des Fisches (das unter anderem für Palästina steht). Fazit:

„Im Westen, in Palästina, muss wohl der neue König der Juden geboren worden sein. Also, Jungs, lasst uns die Kamele satteln und losmarschieren."

Das ist mal Gottvertrauen. Was hättest du damals getan? Wann ist dir zum letzten Mal ein Licht aufgegangen? Wann hast du zum letzten Mal den Blick zum Himmel gehoben und wusstest, jetzt geht's los? Für wen gehst du meilenweit?

Der Fischerbaum

Arthur Gordon

Als in einem Jahr der heiße Sommer in Georgia zu Ende ging, zogen wir nicht wieder in die Stadt, sondern blieben in der kleinen Hütte am Meer. Niemandem aus der Familie machten die zunehmend frischen Winde etwas aus, am allerwenigsten meiner Frau, einer gebürtigen Engländerin mit einer Vorliebe für stürmisches Seewetter.

Als aber Weihnachten immer näher rückte, fingen die Kinder an, sich Sorgen wegen des Weihnachtsbaumes zu machen. Normalerweise gingen wir in den Wald und schlugen uns unseren Weihnachtsbaum selbst, aber an den einsamen Stränden hier gab es keine Tannen, nur Gestrüpp und ein paar Krüppeleichen. Und es war auch eher unwahrscheinlich, dass sich in unsere kleine Gemeinde am Meer ein Tannenbaumverkäufer verirren würde.

„Es ist eben ein Fischerdorf", sagte ich den Kindern eines Abends beim Essen. „Niemand wird herkommen und Tannenbäume verkaufen."

„Vielleicht sollten wir dann einen Fischerbaum haben", sagte unser Jüngster nachdenklich. „Jesus mochte nämlich Fisch, wisst ihr?"

„Mochte er nicht!", entgegnete eine seiner Schwestern verächtlich.

„Mochte er wohl! Er hat seinen Jüngern gesagt, dass sie ihre Netze auswerfen sollten, und da haben sie viele

Fische gefangen. Einhundertdreiundfünfzig. Das steht in der Bibel. Das hab ich in der Sonntagsschule gelernt."

„Und wie willst du so einen Baum machen, du Schlauberger?"

„Das weiß ich auch nicht", gestand unser kleiner Bibelexperte.

„Das müssen wir mal alle zusammen überlegen."

Also überlegten wir alle zusammen, und nach und nach – eigentlich aus dem Nichts – nahm der Fischerbaum Gestalt an.

Als Erstes nahmen wir ein Wurfnetz, ein großes Barbennetz, das einen Durchmesser von über vier Metern hatte, und befestigten es an der Verandadecke. Die schweren Senkbleie ordneten wir um einen runden Tisch herum an, der einen Durchmesser von etwa anderthalb Metern hatte.

Dadurch bekamen wir eine richtig schöne Tannenbaumform, die außerdem noch elegant war. Ganz oben an der Spitze des Netzes befestigten wir einen großen Seestern, den wir von einer Reise auf die Bahamas mitgebracht hatten, und auf dem Tisch, durch die Maschen des Netzes hindurch sichtbar, bauten wir die Krippe auf, mit der Heiligen Familie und den Hirten, die um die Szene herum knieten. Die heiligen drei Könige hatten wir nicht, aber wir häuften feinen Sand vom Strand auf dem Tisch auf, sodass es nach Wüste aussah, mit kleinen Strandhaferzweigen als Palmen und geheimnisvollen Zeichen darin, von denen unser Jüngster behauptete, dass es Kamelspuren seien.

Für den Baumschmuck sorgte das Meer selbst. Die

Mädchen sammelten Sanddollars, die sie dann mit Gold- und Silberlack besprühten. Wir suchten alle zusammen den Strand nach Korallen und langen Seealgen ab, nach Schwammstücken, kleinen Hufeisenkrabben, nach schönen Muscheln und anderen Kostbarkeiten, die das Meer an Land gespült hatte. Wir kannten einen geheimen Ort, wo ein Schwimmbagger den Sand vom tiefsten Meeresgrund hochgesaugt hatte. In diesem Sand gab es versteinerte Haifischzähne, die dort unten seit Tausenden von Jahren gelegen hatten. Sie waren glatt wie Glas und manche rasiermesserscharf, und sie reflektierten das Licht wie winzige Spiegel, und weil sie selten und begehrt waren, legten wir sie ganz nah an die Krippe, als Symbol für Gold, Weihrauch und Myrrhe.

Sanddollars sind die Gehäuse einer kleinen, stachellosen Seeigelart, die einen kleinen, fünfzackigen Stern in der Mitte haben. Man kann sie so auseinanderbrechen, dass sie genau aussehen wie eine Taube mit ausgebreiteten Flügeln, also setzten wir ein paar davon auf das Dach des kleinen Stalls. Wir hatten keine Engel, aber reichlich Engelsflügel in Form der zarten kleinen Muscheln, die wohl jeder Muschelsammler kennt. Wir klebten sie mit Klebestreifen an das Netz, und ganz oben platzierte unser größtes Mädchen ein kleines, getrocknetes, mit Silberlack eingesprühtes Seepferdchen, das sie am Schwanz aufgehängt hatte und das stetig in der Meeresbrise hin und her schaukelte.

Wir hatten zwar keine Lichterkette, aber eine prachtvolle Glaskugel, Treibgut von einem japanischen Fischtrawler, das eines Tages am Strand lag, als ich allein in der Brandung geangelt hatte. Das Seil, an dem die Kugel hing, war völlig mit winzigen lila Muscheln verkrustet. Als wir eine kleine Lampe dahinterstellten, war das Licht, das hindurchfiel, ein reines, fast geheimnisvolles Aquamarinblau.

Jedem gefiel unser „Baum", außer unserer mürrischen alten Nachbarin Mrs Henley. „Sonderbar!", sagte sie. „Was soll denn das für ein Weihnachtsbaum sein? Der ist ja nicht mal grün!"

Aber wir wussten alle, dass Mrs Henley gerne miese Stimmung verbreitete, sogar in der Vorweihnachtszeit. Also beachtete sie eigentlich auch niemand sonderlich.

Warum ich Ihnen das alles erzähle? Ich weiß, eigentlich ist das gar keine richtige Geschichte. Es passiert nichts Dramatisches, sondern es ist nur eine Erinnerung. Aber irgendwie ist trotz all der Jahre, die seitdem vergangen sind, immer noch ein Staunen dabei, wenn ich daran denke.

Ich erinnere mich noch, dass ich in einer frostigen Nacht, als die Kinder schon alle schliefen, hinaus auf die Veranda ging, um die Lampe auszuschalten. Drei Tage zuvor war Vollmond gewesen, und jetzt ging der Mond gerade am Horizont über dem Meer auf und streifte die Dünen mit schwarzen und silbernen Schatten. Ich schaltete das Licht aus, aber die kleine Krippe schimmerte immer noch in dem Sand, und darüber schwebte der Weihnachtsbaum, der eine „Meeresveränderung hatte über sich ergehen lassen müssen, zu etwas Reichem und Seltsamem". Ich stand barfuß auf dem kalten Verandaboden und schaute unseren „Baum" lange einfach nur an.

Weihnachten kommt also wieder mit all seiner Wärme und seinen Farben und seinem ganz eigenen Zauber. Wir sind jetzt wieder in der Stadt, und ich bin ganz sicher, dass wir dieses Jahr unsere traditionelle Tanne haben werden, die Zweige schwer behängt mit Kugeln, die wir aus ihren Schachteln herausgeholt haben. Wunderbar, um Geschenke darunterzulegen ... und trotzdem ...

Irgendwie kommt die Erinnerung an den Fischerbaum immer wieder zurück, ganz echt und real. Die Kinder sind alle wieder klein und schlafen in ihren Betten. Die kabbelige See wird vom fahlen Mondlicht berührt, und der Fischerbaum steht still da mit dem Seestern an der Spitze und dem Seepferdchen, das sachte hin und her schwingt wie ein munteres Fragezeichen. Und da sind der saubere Geruch von Salz und Algen und die Haifischzähne, die sich wie dunkle Pfeilspitzen vom Sand abheben. Erinnerungen, die wie das ganze Meer in unserer Hand liegen. Genauso, wie die ganze Welt einmal in der Hand eines Babys gelegen hat. So viele Weihnachten her.

Mein Lieblings-Weihnachtslied

Lothar Kosse

Ich steh an deiner Krippen hier,
o Jesu, du mein Leben;
ich komme, bring und schenke dir,
was du mir hast gegeben.
Nimm hin, es ist mein Geist und Sinn,
Herz, Seel und Mut, nimm alles hin
und laß dir's wohlgefallen.

Paul Gerhard, aus: „Ich steh an deiner Krippen hier"

Dieses ist mein Lieblingsweihnachtslied. Es ist so schön, dass Gott uns auf Augenhöhe entgegenkommt. Eine dreckige Krippe im letzten Winkel der Welt ist für ihn gerade richtig, um sein Königreich auf der Erde zu beginnen. Bei Gott startet alles unscheinbar, unansehnlich, unbemerkt. Und doch stellt die unbändige Kraft, die diesem Schaffen innewohnt, die ganze Welt auf den Kopf. Auch uns, wenn wir den Blick in die Krippe wagen und den Mut haben, dem noch Unscheinbaren unseren Glauben zu schenken.

Das zerknitterte Papiersternchen
Sigrid Offermann

Der Dezember 2017 war der trübste seit 25 Jahren. Das Wetter war zu nass, zu grau, zu ungemütlich. In manchen Orten in Deutschland zählten die Meteorologen noch nicht einmal sechs Sonnenstunden im ganzen Monat!

Das Wetter spiegelte meine persönliche Stimmung wider. Emotional war für mich der Dezember der trübste seit mindestens 25 Jahren. In meinem Umfeld hatte ich einen Vertrauensbruch bisher ungekannten Ausmaßes erlebt. Zwei Personen begannen, Unwahrheiten über mich zu verbreiten. Sie unterstellten mir Dinge, die ich nicht getan hatte, und verdrehten Sachverhalte. Das zog mir den Boden unter den Füßen weg. Mein Alltag geriet komplett ins Wanken. Ich fand mich in der Defensive wieder und musste mich gegen Behauptungen von Menschen zur Wehr setzen, von denen ich gedacht hatte, dass ich ihnen vertrauen konnte. Es gab auch viele, die mir glaubten. Meine Familie, meine Freunde und meine Gemeinde standen hinter mir wie eine Wand. Trotzdem fühlte ich mich machtlos und als unschuldiges Opfer.

Der Gedanke, mich zu rächen, wühlte in meinem Herzen. Meine Gespräche mit Gott wurden leidenschaftlicher und tiefer. Ich suchte bei ihm nach Antworten auf meine Empörung und Verletzung. Es war alles so anstrengend, so traurig, so ungerecht und schien so hoffnungslos ...

Am Samstag vor dem dritten Advent erreichte meine Frustration ihren Höhepunkt. Vormittags hatte ich unseren Weihnachtsbaum gekauft. Beim Bezahlen bekam ich von dem Mädchen an der Kasse mit dem Wechselgeld einen kleinen zerdrückten Papierstern ausgehändigt. „Haben wir im Jugendkreis gebastelt", erläuterte sie. Ich schob ihn achtlos in meine Jackentasche. Danach begleitete ich meine Tochter zu einer Schulveranstaltung, auf die ich nicht die geringste Lust hatte. Genervt stapfte ich bei grauem Wetter in der grauen Straße durch den grauen Tag und grübelte über meine vertrackte Situation nach. Wut und Traurigkeit kämpften in mir um den ersten Rang auf meiner aktuellen Gefühlsskala. Alles war furchtbar, alles war trüb, alles war aussichtslos.

Und dann noch seit Wochen dieses unsägliche Wetter! Der einsetzende Nieselregen reichte, um bei mir das Fass – oder besser meine Augen – zum Überlaufen zu bringen. Ich weinte mitten auf der Straße. Der ganze Frust der letzten drei Wochen tropfte aus mir heraus. Schniefend griff ich in die Jackentasche auf der Suche nach einem Taschentuch. Fehlanzeige. Stattdessen förderte ich das zerknitterte Papiersternchen zutage, das mir das Mädchen ein paar Stunden zuvor geschenkt hatte. *Na super, nicht mal was zum Nase-Putzen*, dachte ich verärgert.

Da bemerkte ich, dass sich der Stern auseinanderfalten ließ. Was die jungen Leute da als nette Geste für die Christbaum-Käufer eingepackt hatten, rettete nicht nur meinen Tag, sondern auch den Rest des trübsten Dezembers seit 25 Jahren. Wie ein Sonnenstrahl traf es mein

wundes, verletztes und sich selbst bemitleidendes Herz.
Es war ein kleiner Metall-Clip, nicht größer als ein Dau-
mennagel. Darauf stand: „Ich halte dich. Gott."

Meine Welt stand kopf

Norris Burkes

Der Van, den ich für unsere wachsende Familie kaufte, hat uns zehn Jahre lang treue Dienste geleistet, bis er eines Tages im vergangenen Jahr dazu berufen wurde, sich für meine Tochter zu opfern. Man könnte sagen, es war der Tag, an dem ich kopfstand. Nun, eigentlich nicht ich. Genau genommen war es der Van, der auf dem Kopf stand. Aber es genügte nicht, dass er kopfüber auf einer schmutzigen Straße lag. Viel schlimmer war, dass meine Tochter mit dem Kopf nach unten in ihrem Sicherheitsgurt hing.

Nein, es war ihr nichts passiert – uns allen war nichts passiert. Allerdings hatte meine Brieftasche ein paar Quetschungen abgekriegt. Ich hatte nämlich keine Vollkaskoversicherung abgeschlossen und der Unfall war ein Totalschaden. Bei dem, was drei Teenager so alles kosten, hatte ich lieber drei Mahlzeiten pro Tag finanziert und das Auto unversichert gelassen. Es war ein Balanceakt zwischen der Bezahlung einer exorbitanten Versicherungsprämie und der möglichen Finanzierung eines Ersatzvehikels aus meiner eigenen Tasche.

Die Versicherungsvertreterin hatte mich gewarnt – das Auto hatte noch einen recht guten Restwert, der jetzt jedoch dahin war. Natürlich: Unser Auto ließ sein Leben, um das unserer Tochter zu retten, wofür ich ihm unendlich dankbar bin. Aber das schöne Geld ...

Was hatte ich mir nur dabei gedacht?

Ich will Ihnen sagen, was ich gedacht hatte. Obwohl, wenn ich mir den zusammengefalteten Van so anschaute, musste ich zugeben, dass es irgendwie lahm klingt. Versicherungsvertreter und Haushaltsgeräteverkäufer jagen einem gern mit dem Wort „Risiko" Angst ein. Sie lieben Sätze wie: „Wollen Sie es wirklich riskieren, keine Garantieverlängerung für Ihre neue Waschmaschine zu kaufen, Mrs Burkes?"

Worauf ich einwerfe: „Immerhin hat meine Frau mich geheiratet, oder? So etwas wie Garantie gehört gar nicht zu ihrem Wortschatz!"

Tatsache ist, dass die meisten von uns das Risiko scheuen. Wir wollen es abdecken, es absichern, es verringern, es nachbessern, es neu zuordnen, es ausgleichen, es leugnen und möglichst vermeiden.

Das größte Risiko, das wir eingehen, ist, jemanden zu lieben. Es gibt keine Garantie für freiwillig verschenkte Liebe. Menschen, die wir lieben, sind in keiner Weise verpflichtet, unsere Liebe zu erwidern. Wenn ich mein Kind oder einen anderen Menschen liebe, gehe ich schwindelerregende Risiken ein. Ich muss mein Herz freigeben – ohne Vollkaskoschutz – und darauf vertrauen, dass Gott es schützt und es keinen Totalschaden erleidet.

Jesus wusste über die Risiken zwischenmenschlicher Beziehungen Bescheid. Er riskierte alles, um eine Gruppe von Fischern in seine Nachfolger zu geleiten. Vielleicht hat Jesus uns sogar gelehrt, wie sinnlos es ist, eine Versicherung für die Liebe abschließen zu wollen. Immerhin fragte er Petrus drei Mal: „Liebst du mich?"

Und Petrus hatte jedes Mal geantwortet: „Du weißt es.“

Petrus war es, der das Risiko nicht einging, Jesus bis zum Kreuz zu folgen. Vielmehr leugnete er, Jesus überhaupt je gekannt zu haben. Er wusste, was geschehen konnte, wenn man sich mit den Römern anlegte. Als Jesus völlig am Ende war, blieb Petrus in seinem Sicherheitsgurt hängend zurück.

Ich wusste, dass es riskant war, meiner Tochter ein Auto - und zudem unsere Familienkutsche - zu überlassen. Vielleicht hatte ich mir irgendwie eingeredet, wenn ich keine Vollkaskoversicherung abschließen würde, würde ihr auch nichts passieren.

Eine Woche nach dem Unfall schritt meine Tochter - oder vielmehr hinkte sie - durch die Aula ihrer Schule, um ihr Abschlusszeugnis in Empfang zu nehmen. Während ich sie betrachtete, durchfuhr es mich: Für die Liebe, die ich in meine Tochter investiert habe, gibt es kein Limit. Dass ich ihr Vater sein darf, ist mir jedes Risiko wert.

Nach diesem Geistesblitz stand meine Welt wieder richtig herum.

Tägliche Geschenke
Charles Swindoll

Es ist nicht zu früh, in dieser Weihnachtszeit einige Dinge zu verschenken. Nicht nur zu Heiligabend, sondern während all der Adventstage vor dem 24. Dezember. Wir könnten diese täglichen Geschenke „unser Weihnachtsprojekt" nennen. Vielleicht eins pro Tag von heute an. Hier sind einige Vorschläge:

- Schlichten Sie einen Streit.
- Suchen Sie einen vergessenen Freund auf.
- Legen Sie Misstrauen beiseite.
- Schreiben Sie ein längst überfälliges Liebesbriefchen.
- Umarmen Sie jemanden fest und flüstern Sie: „Ich hab dich so lieb."
- Vergeben Sie einem Feind.
- Seien Sie sanft und geduldig mit einer verärgerten Person.
- Drücken Sie Ihre Wertschätzung aus.
- Beglücken Sie das Herz eines Kindes.
- Basteln oder backen Sie für jemand etwas – anonym.
- Lassen Sie einen Groll los.
- Leihen Sie jemandem ein Ohr.
- Sprechen Sie freundlich mit einem Fremden.
- Haben Sie Anteil am Leid eines anderen.
- Lächeln Sie. Lachen Sie ein bisschen. Lachen Sie ein bisschen mehr.
- Bücken Sie sich und streicheln einen Hund.

- Lesen Sie Ihrem Ehepartner oder einem Freund ein paar Gedichte vor.
- Schrauben Sie Ihre Erwartungen anderen gegenüber herunter.
- Spielen Sie während des Abendessens schöne Musik.
- Entschuldigen Sie sich, wenn Sie etwas falsch gemacht haben.
- Schalten Sie den Fernseher ab und unterhalten Sie sich.
- Spendieren Sie jemandem ein Eis (Frozen Joghurt geht natürlich auch).
- Spülen Sie das Geschirr für die Familie.
- Beten Sie für jemanden, der Ihnen geholfen hat, als es Ihnen schlecht ging.
- Bereiten Sie am Samstagmorgen das Frühstück vor.
- Geben Sie trotz starker Gefühle eine milde Antwort.
- Heben Sie einen Aspekt hervor, den Sie an einem Arbeitskollegen oder einer Nachbarin besonders schätzen.
- Bieten Sie sich einer müden Mutter als Babysitter an.
- Gehen Sie nachsichtig mit Ihrem Lehrer um und seien Sie kooperativ.

Machen wir dieses Weihnachtsfest zu einem langen, ausgedehnten Geschenk unserer selbst an andere! Freigiebig. Ohne Ankündigung. Oder Verpflichtung. Oder Vorbehalt. Oder Heuchelei. Darum geht es doch im christlichen Glauben, oder nicht?

Gebet um Offenheit
Autor unbekannt

Herr, mach mich zu einer Schale:
offen zum Nehmen, offen zum Geben,
offen zum Geschenktwerden,
offen zum Gestohlenwerden.

Herr, mache mich zu einer Schale für dich,
aus der du etwas nimmst
und in die du etwas hineinlegen kannst.
Wirst du bei mir etwas finden,
was du nehmen könntest?
Bin ich wertvoll genug,
sodass du in mich etwas hineinlegen wirst?

Herr, mache mich zu einer Schale
für meine Mitmenschen:
offen für die Liebe, für das Schöne,
das sie verschenken wollen,
offen für ihre Sorgen und Nöte,
offen für ihre traurigen Augen
und die ängstlichen Blicke,
die von mir etwas fordern.
Herr, mache mich zu einer Schale.

Öffnet die Herzenstüren

Verena Keil

Es muss sehr kalt gewesen sein im Jahr 1625 in Königsberg, in der alten Provinz Ostpreußen. Die Zeit war bestimmt von Hunger, Seuchen und vielen verlustreichen Kriegen. Einen geringen Wohlstand genossen allenfalls noch die Kaufleute. So wie der Fisch- und Getreidehändler Sturgis. Ein Jahr nach der Einweihung der Kirche am Rossgärtner Markt soll sich Folgendes in Königsberg zugetragen haben:

Die Menschen im Stadtteil Altrossgarten waren dankbar, nun endlich eine eigene Kirche zu haben. Ganz besonders aber freuten sich die Bewohner im nahe gelegenen Armen- und Siechenheim. Für sie war der Fußweg zum großen Dom in der Innenstadt immer viel zu weit gewesen. Jetzt hatten sie endlich ein Gotteshaus ganz in der Nähe! Nur einer hatte daran etwas auszusetzen – der Fisch- und Getreidehändler Sturgis. Er besaß ein Haus, nur wenig entfernt vom Armen- und Siechenhaus. Direkt hinter seinem Gartenzaun verlief der Pfad, den die Armenhäusler benutzten, wenn sie am Sonntag zur Kirche gingen. Sturgis ärgerte sich über den Anblick dieser armseligen Gestalten. Die sollen gefälligst außer Sichtweise bleiben – vor der Tür!

Der wohlhabende Kaufmann schaffte kurzerhand Abhilfe und erwarb die große Wiese, über die dieser Pfad führte. Er gestaltet sie zu einem Park um und errichtete rundherum einen hohen Zaun. In Richtung Armenhaus baute er ein prächtiges Tor, natürlich fest verriegelt, und in Richtung Stadt eine kleine Pforte für sich selbst, damit er auf dem Trampelpfad schnell zur Kirche und in die Stadt laufen konnte.

Nun war den Armenhäuslern der Weg versperrt, und der Umweg zur Kirche und zur Stadt war für die meisten von ihnen nicht mehr zu bewältigen. Sie klagten dem Pfarrer Georg Weissel ihr Leid und baten ihn um Hilfe. War es nicht so, dass Sturgis sich oft sehr freigiebig zeigte, wenn Spenderlisten und die jeweiligen Spendenbeträge öffentlich gemacht wurden?

Es war Tradition, dass in der Adventszeit ein kleiner Chor von Haus zu Haus zog und vor den Häusern der Spender sang. Aber sollte und wollte man das in diesem Jahr auch vor der Tür, vor dem Tor von Kaufmann Sturgis tun – der sich doch so abweisend verhielt? Pfarrer Weissel gab zu bedenken: „Ich glaube, wir werden Advent und Weihnachten nicht richtig feiern können, wenn wir diesen Mann ausschließen. Auch Jesus hat doch keinen ausgeschlossen!"

Als die Adventszeit gekommen war, traf sich die Gemeinde vor dem Armen- und Siechenhaus und zog von dort zum Haus des Kaufmanns. Mit ihnen zogen auch die Alten, die Bettler und Tagelöhner. Als sie bei Sturgis' verriegeltem Tor ankamen, fing der Pastor mit seiner Adventspredigt an. Er sprach vom König aller Könige, der auch heute vor verschlossenen Herzenstüren warten würde und sich danach sehne, Einlass zu bekommen. Dann sangen alle: „Macht hoch die Tür, die Tor macht weit, es kommt der Herr der Herrlichkeit ..."

Da holte der Kaufmann, sichtlich angerührt von diesen Worten und dem Gesang des Chores, den Schlüssel zum Tor und öffnete es. Und Tor und Tür blieben seitdem offen für alle. Die Königsberger nannten den kleinen Weg durch den Gartenpark von nun an ihren „Adventsweg".

Pfarrer Weissel selbst war es, der den Text für dieses Lied kurz zuvor geschrieben hatte. Der junge Chorleiter hatte es dann provisorisch mit einer Melodie versehen und das Lied mit den Sängern und Sängerinnen der Gemeinde einstudiert.

Georg Weissel schrieb kurze Zeit später über die Entstehung des Liedes: „Neulich, als der starke Nordoststurm von der nahen Samlandküste herüberwehte und viel Schnee mit sich brachte, hatte ich in der Nähe des Domes zu tun. Die Schneeflocken klatschten den Menschen auf der Straße gegen das Gesicht, als wollten sie ihnen die Augen zukleben. Mit mir strebten deshalb noch mehr Leute dem Dom zu, um Schutz zu suchen. Der freundliche und humorvolle Küster öffnete uns die Tür mit einer tiefen Verbeugung und sagte: ‚Willkommen im Hause des Herrn! Hier ist jeder in gleicher Weise willkommen, ob Patrizier oder Tagelöhner! Sollen wir nicht hinausgehen auf die Straßen, an die Zäune und alle hereinholen, die kommen wollen? Das Tor des Königs aller Könige steht jedem offen.'"

In genau dieser Situation, als die Kirche ihm Schutz vor dem Unwetter bot, kamen dem Pfarrer die ersten Verse in den Sinn. „Bis sich das Unwetter legte, sah ich fortgesetzt auf das hohe Portal der Kirche." Von diesem

Anblick inspiriert schrieb er wenig später das ganze Lied. Einen Klassiker, der auch heute noch die Kraft hat, Herzenstüren zu öffnen.

Macht hoch die Tür
Georg Weissel

Macht hoch die Tür, die Tor macht weit;
es kommt der Herr der Herrlichkeit,
ein König aller Königreich,
ein Heiland aller Welt zugleich,
der Heil und Leben mit sich bringt;
derhalben jauchzt, mit Freuden singt:
Gelobet sei mein Gott,
mein Schöpfer reich von Rat.

Er ist gerecht, ein Helfer wert;
Sanftmütigkeit ist sein Gefährt,
sein Königskron ist Heiligkeit,
sein Zepter ist Barmherzigkeit;
all unsre Not zum End er bringt,
derhalben jauchzt, mit Freuden singt:
Gelobet sei mein Gott,
mein Heiland groß von Tat.

O wohl dem Land, o wohl der Stadt,
so diesen König bei sich hat.
Wohl allen Herzen insgemein,
da dieser König ziehet ein.
Er ist die rechte Freudensonn,
bringt mit sich lauter Freud und Wonn.
Gelobet sei mein Gott,
mein Tröster früh und spat.

Komm, o mein Heiland Jesu Christ,
meins Herzens Tür dir offen ist.
Ach zieh mit deiner Gnade ein;
dein Freundlichkeit auch uns erschein.
Dein Heilger Geist uns führ und leit
den Weg zur ew'gen Seligkeit.
Dem Namen dein, o Herr,
sei ewig Preis und Ehr.

Vom Holzschnitzer, der das Weihnachtsfest zurückbrachte

Jürgen Werth

Ich öffne mein Adventstürchen … und sehe eine Stadt, die Weihnachten abgeschafft hat.

Und in der es kalt geworden ist, nicht nur im Winter.

Bis sich an einem Sommertag ein alter Holzschnitzer in der Stadt niederlässt. Er ist anders als alle anderen. Freundlich. Hilfsbereit. Liebevoll.

Das fällt zuerst den Kindern auf. „Warum bist du so anders?", fragen sie ihn nach ein paar Wochen.

„Weil ich Weihnachten kenne!", antwortet er.

Und dann nimmt er die Ersten mit in seine Werkstatt. Dort entdecken sie eine fremde Welt: Sie sehen, wie geschnitzte Engel, Hirten und Tiere entstehen, ein Elternpaar und ein kleines Kind in einer Krippe. Und der Alte fängt an zu erzählen. Von Weihnachten. Von dem Gott, der seine Menschen in ihrer kalten Welt so sehr geliebt hat, dass er sich auf den Weg gemacht hat und in ihre kalte Welt hineingeboren worden ist.

Und sie sehen und hören und staunen. Und kommen immer wieder.

Bald schöpfen die Verantwortlichen der Stadt Verdacht. Sie sehen ihren Einfluss schwinden, und versuchen deshalb, das unheimliche Treiben zu beenden und den Holzschnitzer aus ihrer Stadt zu jagen. Doch der lässt sich nicht einschüchtern. Und die Kinder stehen zu ihm. Sie haben längst verstanden, dass ihre Stadt

anders werden kann, wenn sie Weihnachten wiederent-
deckt.

Zu Hause erzählen sie von der wundersamen Welt
in der Werkstatt des Schnitzers. Und von der wundersamen Geschichte, die die sonderbaren Figuren erzählen. Und dass man noch helfende Hände braucht, damit
alles rechtzeitig fertig wird ...

Einige Erwachsene erklären sich bereit. Zögernd erst,
neugierig nur. Aber dann mit wachsender Begeisterung.
Sie kommen in die Werkstatt des Holzschnitzers und packen mit an.

Endlich ist es so weit. Die Weihnachtswelt wird aus
der Werkstatt auf den Marktplatz gebracht. Und dann
soll es endlich Weihnachten werden! Zum ersten Mal
seit langer, langer Zeit.

Doch dann stellen die Menschen schnell fest: Das Kind
ist weg! Gestohlen! Vom Bürgermeister und seinen Kum-
panen. So viel haben diese Herren schließlich verstanden: Ohne das Baby muss Weihnachten ausfallen.

Der Holzschnitzer hat die Stadt inzwischen verlassen.
Seine Mission ist erfüllt. Er kann den Leuten nicht mehr
helfen.

Doch die Menschen in der Stadt sind längst viel
freundlicher und hilfsbereiter geworden und wollen
sich Weihnachten nicht mehr nehmen lassen. Beherzt
legen sie ein lebendiges Kind in die Krippe. Dann feiern
sie Weihnachten. Und die Liebe. Und es wird wieder hell
und warm in ihrer dunklen und kalten Stadt.

Wunderrat

Dietrich Bonhoeffer

Wer in Jesus das Wunder des Sohnes Gottes erkennt,
dem wird jedes seiner Worte und jede Tat zum Wunder,
der findet bei ihm in allen Nöten und Fragen
letzten, tiefsten, hilfreichsten Rat.

Geh zum Kind in der Krippe,
glaube in ihm den Sohn Gottes
und du findest in ihm Wunder über Wunder,
Rat über Rat.

Aus einer Predigtmeditation zu Jesaja 5,5f., Weihnachten 1940,
in: DBW 16,636

Der weiße Teddy

Stefanie Gömmer

Es ist Adventszeit. Tannenduft liegt in der Luft und überall erstrahlen bunte Lichter. Weihnachtsmärkte locken mit Glühwein und süßen Leckereien. Alle Welt stürzt sich in den Trubel, kauft Weihnachtsgeschenke, schmückt die Wohnung, backt Plätzchen ... Nur ich stehe im Supermarkt vor dem Spielzeugregal und heule. Auslöser meiner Tränen ist ein süßer, weißer, flauschiger Kuschel-Teddy. Ich blicke ihn an und die Gedanken rasen nur so durch meinen Kopf: Mit dem wird dein Baby nie spielen ... entweder wird es zu schwer behindert sein – oder das Spielalter erst gar nicht erreichen. Wie gern würde ich in freudiger Erwartung diesen Teddy für mein Baby kaufen ... aber wozu? Die Tränen laufen unaufhörlich über mein Gesicht.

Meine Gedanken wandern zurück zum letzten Sommer. Wie haben Michael und ich uns gefreut, als ich mit fast 40 Jahren doch noch schwanger werde! In allerletzter Sekunde sozusagen. Als wir alle Hoffnung schon aufgegeben haben. Wir haben die beginnende Schwangerschaft als dickes Wunder empfunden – und als ein riesengroßes Geschenk von Gott! Doch Gott scheint bei uns wohl nur ein halbes Wunder vollbringen zu wollen, denn plötzlich steht ein Anruf meiner Frauenärztin im Raum, der uns die Luft zum Atmen nimmt: „Die große Screening-Untersuchung hat alarmierende Werte erbracht. Mit hoher Wahrscheinlichkeit wird Ihr Kind schwerstbehindert sein", hat sie uns verkündet. „Sie müssen unbedingt eine Fruchtwasseruntersuchung machen lassen, um die weitere medizinische Betreuung planen zu können."

Was für ein Schlag! Meine anfängliche Freude und Euphorie verwandeln sich plötzlich in panische Angst. Sie kriecht in mir hoch und krallt sich mit eiskalten Fingern an meiner Seele fest. Eigentlich wollten wir doch keine Fruchtwasseruntersuchung machen lassen, weil wir das Kind auf jeden Fall haben möchten und die Untersuchung zudem eine Menge Risiken für das Kind mit sich bringt. Doch wenn es nötig ist, um die medizinische Betreuung und Versorgung unseres Babys bestmöglich planen zu können ...

Schweren Herzens ringen Michael und ich uns dazu durch und vereinbaren einen Termin.

Doch jetzt heißt es Warten, denn erst in einer Woche haben wir einen Untersuchungstermin bekommen. Eine endlose Woche. Eine Woche, in der ich keinen anderen Gedanken fassen kann als: Dein Kind wird schwerstbehindert sein. Wahrscheinlich wird es die ersten Tage nicht überleben. Wenn es überhaupt lebend zur Welt kommt ...

Die ganze Welt stürzt sich in die beginnende Adventszeit. Doch für mich scheint die Zeit stillzustehen. Die Zeiger der Uhr kriechen viel zu langsam übers Zifferblatt und auch ein harmloser Gang in den Supermarkt bringt keine Ablenkung. Aus heiterem Himmel überfallen mich auch hier schwermütige Gedanken, wie zum Beispiel bei dem Teddy, der eigentlich völlig harmlos im Supermarktregal sitzt ...

In solchen Momenten tut es gut, liebe Menschen zur Seite zu haben, die einen ermutigen und aufbauen! Menschen, die für einen glauben, wenn man selbst nicht mehr glauben kann, und die für einen beten. Was für ermutigende E-Mails und Briefe flattern uns da ins Haus und was für Gottes-Geschenke in dieser schwierigen Zeit:

„... Gott hat euch einen großen Wunsch erfüllt - zu seiner Zeit! Und ich glaube ganz fest, dass Gott, wenn er ein solches Wunder tun konnte, auch hier eingreifen kann, sodass alle Spekulationen der Ärzte wirklich nur Spekulationen sind ...“

„... Ich möchte euch keine frommen Sprüche um die Ohren hauen, aber ich weiß, dass der Vater euch in all eurer Not sieht. Und er weiß auch, wie es weitergeht, und ja, es gibt Hoffnung! ...“

„... Ich glaube fest daran, dass Du bald für euren kleinen Racker einen Teddy aussuchen kannst. Und dass Du ein Gespür fürs Teddy-Aussuchen hast, hast Du bei unserem Sohn bewiesen, denn der von Dir geschenkte Teddy ist immer noch die absolute Nummer 1 ...“

Endlich ist der Tag der Untersuchung da. Oh, was für eine unangenehme Prozedur! Vor allem, wenn man sich eine Woche lang so hineingesteigert hat. Aber zum Glück ist alles auch schnell vorbei. Und wieder heißt es Warten. Endlose 24 Stunden, bis die ersten Ergebnisse des Schnelltests vorliegen.

Ausgerechnet am Nikolaustag sollen die Ergebnisse kommen. Ich bastle für Michael eine Nikolaus-Karte - mit einem ganz süßen Baby darauf, das eine rote Nikolausmütze trägt. Ohne viel Glauben schreibe ich darauf: „Ich klammere mich an der Hoffnung fest, dass auch wir im nächsten Jahr mit so einem süßen Kerlchen Nikolaus feiern werden ..."

Die Stunden kriechen dahin. Endlich ruft die Ärztin an und kurze Zeit später schreiben wir in einer Mail an unsere Freunde:

„HAL-LE-LU-JAAAAAAAAAAAAAAAAAAAAAAAAA-AAAAA!!!!!!!!!!!!!!!!!!!!!!

Gerade rief die Ärztin an: Es liegt kein Hinweis auf Trisomie 13, 18 oder 21 vor.

Wir sind froh, dankbar, erleichtert, total am Heulen ... und fühlen uns auch ein ganz klein wenig vera... Aber was für eine Erleichterung – und die Größe dieses Geschenks können wir jetzt nur umso mehr ermessen. Wir sind Gott so dankbar! Und gleichzeitig fühlen wir uns solidarisch mit denen, die tatsächlich ein behindertes Kind bekommen haben. Vielleicht werden wir diese Menschen jetzt umso mehr achten – und unterstützen, wo es nur geht ..."

Von diesem Tag an erleben Michael und ich die Adventszeit so intensiv wie nie zuvor. Kein Wunder! Denn was ist Advent anderes als das Warten auf ein kleines Baby? Auf die Geburt eines Kindes, in dem Gott sein größtes Wunder wahrmacht?

Natürlich ist unser Kleiner nicht der Messias. Aber so manche Parallelen drängen sich trotzdem auf ...

Unsere Geschichte bekommt tatsächlich ein Happy End, denn im darauffolgenden März kommt ein quietschvergnügter Junge auf die Welt. Er ist zwar sehr klein und zart, aber ansonsten kerngesund! Wir nennen ihn Philipp – und mit Zweitnamen Immanuel. Denn wir wollen vor aller Welt dankbar bekennen: „Immanuel – Gott mit uns."

Und – wie könnte es anders sein – kurz nach Nikolaus bin ich dann losgelaufen, in den Supermarkt. Und da habe ich ihn für mein Söhnchen dann doch gekauft: den weißen Teddy ...

Eine Weihnachtsgeschichte für jeden Tag
Verfasser unbekannt

Es war einmal ein Licht. Weil es Angst vor dem Verlöschen hatte, machte es sich auf die Suche nach einem großen Licht, das bleibt. Bald traf es ein anderes Licht.

„Wohin gehst du?", fragte es.

„Ich habe Angst vor dem Verlöschen und suche ein Licht, das bleibt."

So gingen sie miteinander.

Unterwegs kam noch ein Licht dazu, und noch eins und noch eins – zuletzt waren es viele. Die kleinen Lichter liefen und liefen und wurden sehr müde. Auf einmal sahen sie einen Stein, der im Dunkeln leuchtete.

„Stein, woher hast du dein Leuchten?", fragten sie.

„Geht weiter, und ihr werdet sehen."

Dann kamen die Lichter an einem strahlenden Blütenbaum vorbei.

„Blütenbaum, woher hast du dein Leuchten?", staunten sie.

„Geht nur weiter. Gleich werdet ihr sehen."

So gingen sie mit letzter Kraft. Plötzlich standen sie vor einem großen, hellen Licht. Es strahlte um ein Kind, das in einer hölzernen Krippe in einem dunklen Raum lag. Den kleinen Lichtern klopfte das Herz. Sie wagten sich nicht weiter.

„Fürchtet euch nicht", sagte das Kind, „ich bin das Licht der Welt. Wer zu mir kommt, wird nicht im Finstern leben." Und es lächelte den kleinen Lichtern entgegen und segnete sie.

Da wurde ihre Flamme stark und still.

Auf dem Rückweg und zu Hause erzählten sie allen von dem großen Licht. Das bleibt und das sie jetzt in sich tragen.

Für mich und dich

Corrie ten Boom

Bei uns zu Hause war Weihnachten ein Fest. Mutter und Tanten besaßen die Gabe, es mit viel Farbe und Festfreude zu erfüllen. Ich erinnere mich an die Ilex- und Mistelzweige, den mit roten Bändern geschmückten Tisch, und manchmal gab es sogar einen kleinen Weihnachtsbaum. Der Höhepunkt des Festes kam, wenn wir uns gegenseitig mit Geschichten erfreuten und miteinander Lieder sangen. Tante Jans konnte eine Geschichte so gut erzählen, dass es unmöglich war, ihr nicht zuzuhören. Ich erinnere mich, dass das eigentliche Weihnachtsgeschehen klar hervorgehoben wurde. Vater las die Geschichte aus einem kleinen Buch vor, das nicht nur Lukas, sondern auch aus den anderen Evangelien alles zitierte, was zu der Geschichte gehörte. Und beide, Vater und Tante Jans, machten es uns so klar, dass Weihnachten alle angeht. *Mich!* Jesus kam *meinethalben.* Jesus war *mein* Freund, *mein* Heiland.

Josefs Geschenk
Ewald Arenz

„Einen Augenblick, Jungs", hallte es durch die nacht-
dunkle, nur von einem funkelnden Stern schwach be-
leuchtete Wüste, „wartet mal kurz." Die kleine Karawa-
ne kam zum Stehen. Eines der Kamele schnaubte durch
die Nüstern, und die beiden anderen Reiter warfen sich
einen resignierten Blick zu, bevor sie sich umdrehten.
„Hör mal", sagte einer der beiden und gab sich Mühe,
nicht genervt zu klingen, „wir haben den Palast erst vor
zwei Stunden verlassen. Du hättest einfach nicht so viel
trinken sollen. Wie oft haben wir jetzt schon …"

„Das ist es nicht", kam die Stimme gedämpft, und man
hörte hektisches Rascheln und Kramen, „ich halte es
schon noch aus. Aber ich, äh … ich kann das Geschenk
nicht finden."

Stille. Erst überraschte, dann ungläubige Stille in der
kühlen Wüstennacht.

„Was meinst du mit: Ich kann das Geschenk nicht finden?", fragte der erste Reiter fassungslos.

„Ich bin absolut sicher, dass ich es eingepackt habe",
kam es aufgeregt von hinten, „und jetzt ist es weg. Nur
der Ziegenkäse ist da."

„Ziegenkäse!", sagte der zweite und bemühte sich, die
Beherrschung nicht zu verlieren, „Ziegenkäse! Kannst
du dir auch nur annähernd vorstellen, was für eine Pres-
se wir haben werden, wenn wir mit Ziegenkäse ankom-
men?" Er deutete auf den schwach funkelnden Stern,

und in seine Stimme kam nun doch ein Hauch von Sarkasmus. „Hast du auch nur die geringste Ahnung, was die Leute sagen werden, wenn es heißt: Und sie folgten dem Stern und kamen an das Haus und fanden das Kindlein mit seiner Mutter Maria und taten ihre Schätze auf und sieh, es waren Weihrauch, Myrrhe und Ziegenkäse? Ich, mein Lieber, habe den Weihrauch. Balthasar hat die Myrrhe. Seit Wochen sind wir unterwegs, und wir haben alles noch im Gepäck. Was ist eigentlich los mit dir?

„Ziegenkäse ist nichts Schlechtes", verteidigte sich Caspar hitzig, „ich mag Ziegenkäse. Ziegenkäse ist gesund."

„Nicht für einen Säugling, der eine Woche alt ist!", knirschte Melchior. „Wo ist das Kyphi?"

„Vielleicht habe ich es bei Herodes im Palast liegen lassen", überlegte Caspar, „können wir noch mal umkehren?"

Balthasar sagte höhnisch: „Wenn du es bei Herodes hast liegen lassen, hat es sich längst in Rauch aufgelöst. Jeder weiß, dass Herodes Räucherwerk über alles liebt. Warum wohl? Dieses Kyphi ist ja auch nur das teuerste, das jemals gemischt wurde. Teurer als Weihrauch und Myrrhe zusammen! Und wo kriegst du um diese Jahreszeit Kalmus und Honig her? Ganz abgesehen von der Myrrhe, die du ja dann auch noch brauchst? Meine kriegst du jedenfalls nicht. Was machen wir jetzt? Wir können ja schlecht den Ziegenkäse verbrennen!"

Caspar stammelte verlegen: „Meint ihr nicht, dass zwei Geschenke vielleicht reichen ... also, es ist doch nur ein Kind ... und wir haben ja immerhin den ganzen Weg auf uns genommen."

„Drei!", sagten Melchior und Balthasar eisig, „die heilige Zahl ist Drei. Dreieinigkeit. Drei Weise. Drei Geschenke. Nicht zwei. Drei. Und jetzt überleg dir was!"

Die beiden drehten sich um und ritten weiter. Caspar kramte weiter in seinen Beuteln, fand aber nichts. Dann fasste er nach seiner Börse.

„Na gut", murmelte er, „Gold kann man ja immer schenken. Ist vielleicht nicht heilig, und verbrennen kann man es auch nicht, aber immerhin ist es Gold!"

Er sprang auf sein Kamel und hatte die beiden anderen kurz vor dem Stall eingeholt.

„Und?", fragte Melchior, während Balthasar bloß die Brauen fragend hochzog. Caspar wies auf das Beutelchen Gold. Die beiden andren drehten die Augen zum Himmel, aber da öffnete sich schon die Stalltür und warmes Licht strömte heraus. Die drei traten ein, knieten vor der Krippe nieder und berührten schließlich mit der Stirn den Boden vor Maria, als sie ihre Geschenke ausbreiteten. Maria lächelte und Caspar atmete erleichtert auf. Aber dann sah er Josef, der Weihrauch, Myrrhe und Gold ein wenig gequält musterte. Melchior und Balthasar sahen Caspar streng an.

Caspar senkte den Kopf und murmelte: „Tut mir leid wegen des Goldes. Wirklich."

„Nein, nein", sagte Josef höflich, „ist schon in Ordnung ... ich meine, Gold ist toll. Nur ... es ist jetzt schon eine Woche her, dass die Hirten da waren, und wir ... na ja, vor allem ich ..."

Maria sah die drei Weisen um Verzeihung bittend an: „Josef", erkläre sie nachsichtig, „ist recht weltlich. Er hat Hunger!"

In Caspars Gesicht breitete sich ein breites, erleichtertes Grinsen unverfälschten Glücks aus, und er stand langsam auf.

„Da", sagte er fröhlich, „kann ich helfen!"

Zwei Augenblicke später standen Caspar und Josef glücklich kauend neben Caspars Kamel vor dem Stall.

„Ziegenkäse", sagte Josef mit vollem Mund, „mag ich wirklich gern."

Und über dem Stall funkelte der Stern hell und freundlich.

Die Heil'gen Drei Könige aus Morgenland

Heinrich Heine

Die Heil'gen Drei Könige aus Morgenland,
Sie frugen in jedem Städtchen:
„Wo geht der Weg nach Bethlehem,
Ihr lieben Buben und Mädchen?"

Die Jungen und Alten, sie wussten es nicht,
Die Könige zogen weiter;
Sie folgten einem goldenen Stern,
Der leuchtete lieblich und heiter.

Der Stern blieb stehn über Josephs Haus,
Da sind sie hineingegangen;
Das Öchslein brüllte, das Kindlein schrie,
Die Heil'gen Drei Könige sangen.

Wer schenkt wem das Richtige?

Andreas Malessa

Im November verändert sich Roswithas Verhalten. Zumindest nach dem Gottesdienst. In jener halben Stunde, die schlicht „Gemeinde-Kaffee" oder vornehm „Café im Foyer" oder noch vornehmer „Apres Church" heißt.

Laut und lebhaft werden hier Predigten bewertet, Sorgen geteilt, Krankheitsdiagnosen vermutet, Erziehungstipps gegeben und Wahlergebnisse vorgekocht. Normalerweise. Rückt jedoch der Advent heran, findet Wolf-Rüdiger seine Frau immer häufiger ausschließlich mit Frauen im Gespräch. Und immer geht es um Geschenke!

„Will man den alten Eltern das Richtige schenken, sollte man jahrelang Listen geführt haben", hörte Wolf-Rüdiger auf dem Weg zur zweiten Tasse. „Senioren erinnern sich doch so furchtbar genau. Und sie heben alles auf!" Er blieb stehen und horchte. Roswitha sprach mit einer Freundin. „Zigarren und Rotwein bekam mein Schwiegervater schon letztes Jahr. Gartengeräte und Werkzeug hat er genug. Socken und Rasierwasser wären einfallslos. Was er wirklich braucht, sind Thrombose-Strümpfe."

Die Damen kicherten. Wolf-Rüdiger ließ seine Tasse auffüllen und blieb in unauffälliger Hörweite.

„Gibt's eigentlich Apotheken-Gutscheine für Medikamente, die die Kasse nicht übernimmt?" Wieder verhaltenes Gelächter. Wolf-Rüdiger erinnerte sich. Oma hatte sich Weihnachten sehr gefreut über den Gutschein eines Wellness-Hotels. Aber von Januar bis März einmal pro Woche angerufen und gefragt, wer sie hinfährt, wer sie abholt und ob Koffer und Rollator wohl ins Auto passen …

Roswitha und ihre Freundin sprachen jetzt von Markenartikeln und Firmenlogos, Hals- und Bundgrößen unaussprechlicher Textilien, Farbnuancen, Materialbeschaffenheit und Preisen. Alles im Konjunktiv. Möchte, hätte, würde, könnte, gäbe, müsste …

Wolf-Rüdiger seufzte auf. Was kleine Kinder wünschen, ist leicht erfüllbar. Was man pubertierenden Teenagern schenkt, taucht im Januar bei eBay auf. Denn eigentlich brauchen sie nur Bargeld.

Was sich eine Ehefrau wünscht, sollte ihr Mann „seiner Liebsten das ganze Jahr über sensibel ablauschen", hatte Wolf-Rüdiger in einem Ehe-Ratgeberbuch gelesen. Und es brav befolgt: Als vorletzten Sommer in Usedom die Luftmatratze kaputtging, schenkte er Roswitha zu Weihnachten eine neue!

Fand sie etwas unromantisch. Seltsam.

„Warum", mischte er sich jetzt abrupt in die Debatte der beiden Damen ein, „warum schenken Frauen auch jenen Leuten das Richtige, die sie nur flüchtig kennen, während Männer auch jenen das Falsche schenken, die sie von Herzen lieben?" Die beiden Freundinnen stutzten ratlos.

„Ich wünsche mir", Wolf-Rüdiger wurde beinah etwas laut, „dass meine Liebe zu all meinen Lieben nicht daran gemessen wird, ob ich ihnen das Richtige schenken kann!"

Winternacht

Gustav Falke

Durch den Flockenfall
klingt süßer Glockenschall,
ist in der Winternacht
ein süßer Mund erwacht.

Herz, was zitterst du
den süßen Glocken zu?
Was rührt den tiefen Grund
dir auf der süße Mund?

Was verloren war,
du meintest, immerdar,
das kehrt nun all zurück,
ein selig Kinderglück.

O du Nacht des Herrn
mit deinem Liebesstern,
aus deinem reinen Schoß
ringt sich ein Wunder los.

Vom Wunder des Schenkens
Verena Keil

Über das Schenken ist schon viel gesagt und geschrieben worden. Zum Beispiel von Joachim Ringelnatz, der in seinem berühmten Gedicht festhielt: „Schenke herzlich und frei. Schenke dabei, was in dir wohnt an Meinung, Geschmack und Humor, sodass die eigene Freude zuvor dich reichlich belohnt. Schenke mit Geist ohne List. Sei eingedenk, dass dein Geschenk – du selber bist."

Im Schenken und Beschenktwerden liegt zweifellos ein Geheimnis, das viele Facetten hat. Hier meine drei Favoriten:

Nummer eins: „Ein Geschenk ist genauso viel wert wie die Liebe, mit der es ausgesucht worden ist."

Ein Zitat von der französischen Schriftstellerin Thide Monnier. Und recht hat sie. Wie viel Zeit, Aufmerksamkeit, Herzblut und auch Aufwand in Geschenken steckt, die sorgfältig bedacht, ausgewählt, besorgt oder gebastelt worden sind. Wohl dem Beschenkten, der das erkennt und zu schätzen weiß!

Mein Favorit Nummer zwei stammt von Ernst Zacharias: „Ein freundliches Wort kostet nichts, und dennoch ist es das schönste aller Geschenke."

Präsente, die so scheinbar schlicht und wunderbar alltagstauglich sind – wer sehnt sich nicht nach dieser Form von Aufmerksamkeit? Solche „Zwischendurch-Geschenke", zum Beispiel an die gestresste Verkäuferin an der Kasse, wirken wahre Wunder.

Meine Nummer drei: „Die Vorstellung, dass einem das Leben geschenkt worden ist, erscheint mir ungeheuerlich."

Dieser Gedanke ist Elias Canetti aus der Feder geflossen. Ob dem Aphoristiker und Literaturnobelpreisträger bewusst war, wer der Schöpfer und Schenker allen Lebens ist? Dass du und ich Wünsche sind, die Gott sich erfüllt hat, aus purer Lust und Freude?

Was auch immer in diesem Jahr auf unseren Gabentischen liegt oder womit wir andere beschenken – ich möchte mich daran erinnern – und es auch anderen zusprechen: „Du bist ein Geschenk. Für Gott. Für deine Lieben. Für deine Mitmenschen – für die Welt. Vergiss das nie."

Ein unvergessliches Weihnachtsgeschenk

Linda D. Hummel

Vor vielen Jahren lehnte er an der Tür von Raum 202, in dem ich meine Fünftklässler unterrichtete. Er trug Turnschuhe, die gut drei Nummern zu groß waren, und eine Hose, die an den Knien zerrissen war.

Daniel legte einen unverwechselbaren Start an unserer Schule hin. Die befand sich in einem malerischen Städtchen am Rande eines Sees, das für seine weißen Häuser im Kolonialstil und seinen Wohlstand bekannt war.

Daniel erzählte mir, dass er vorher in der Nachbargegend zur Schule gegangen war. „Wir haben da bei der Ernte geholfen", sagte er wahrheitsgetreu. Dieser freundliche Junge aus einer Einwandererfamilie hatte keine Ahnung, in welche Höhle des Löwen er geworfen worden war, in der die Jungen aus gutem Hause noch nie eine zerrissene Hose gesehen hatten. Doch wenn er spürte, dass über ihn getuschelt wurde, kümmerte er sich einfach nicht darum. 25 Kinder beobachteten Daniel ganz genau – bis zu dem Basketball-Spiel am Nachmittag. Er legte gleich bei seinem ersten Einsatz einen Volltreffer hin, womit er sich ein wenig Respekt verschaffte. Als Nächster war Charles an der Reihe. Charles war der unsportlichste und übergewichtigste Junge der Klasse. Und nach seinem zweiten gescheiterten Wurfversuch war die Verärgerung seiner Mitschüler deutlich spürbar. Doch Daniel ging zu ihm hin und flüsterte ihm zu: „Vergiss die anderen. Du schaffst es!"

Charles hielt sich daraufhin sichtlich besser und sein dritter Versuch saß. Und ab diesem Augenblick wirbelte Daniel das Sozialgefüge des Oberklasse-Dschungels durcheinander, in den er geraten war. Nach und nach begann er die Dinge zu verändern – er begann uns zu verändern. Er nannte uns nie beim Namen. Mich nannte er „Miss" und seine Mitschüler einfach „Kid".

Am letzten Tag vor den Weihnachtsferien brachten die Schüler immer Geschenke für ihre Lehrer mit. Es war üblich, die Geschenke gleich zu öffnen und das teure Parfum oder Halstuch oder Lederportemonnaie zu bestaunen (das natürlich die betuchten Eltern besorgt hatten) und dem Kind zu danken. An diesem Nachmittag kam Daniel an mein Pult. „Unsere Kisten sind gestern mitgenommen worden", sagte er ohne eine sichtliche Regung. „Morgen reisen wir ab."

Als ich die Nachricht begriff, musste ich weinen. Nachdem ich mich wieder gefasst hatte, zog er einen grauen Stein aus seiner Hosentasche. Sehr bedeutungsvoll schob er ihn mir über den Tisch zu. Ich spürte, dass dieses Geschenk etwas ganz Besonderes war, aber meine Erfahrungen mit Parfums und Halstüchern waren eine schlechte Vorbereitung für diesen Augenblick. Ich wusste nicht, was ich sagen sollte. „Der ist für Sie", sagte er und schaute mir dabei in die Augen. „Ich habe den extra für Sie poliert."

Diesen Augenblick werde ich nie vergessen.

Jahre sind seitdem vergangen. An jedem Heiligabend wünscht sich meine Tochter, dass ich ihr diese Geschichte erzähle. Sie nimmt dann den polierten Stein von meinem Schreibtisch und macht es sich auf meinem Schoß bequem. Die ersten Worte der Geschichte sind immer dieselben: „Das letzte Mal, als ich Daniel gesehen habe, schenkte er mir diesen Stein. Das ist schon viele Jahre her, lange bevor du auf der Welt warst."

„Er ist mittlerweile auch ein Erwachsener", schließe ich die Geschichte dann ab. Und anschließend machen wir uns gemeinsam Gedanken darüber, was wohl aus ihm geworden ist.

„Bestimmt ist er ein ganz toller Mann geworden", sagt dann meine Tochter und fügt hinzu: „Erzähl noch das Ende der Geschichte."

Ich weiß, was sie hören will – die Lektionen der Liebe und Hingabe, die eine Lehrerin von einem Schüler lernte, der eigentlich nichts und doch alles zu geben hatte. Ein Junge, der aus Kisten lebte. Während ich den Stein in die Hand nehme, denke ich an ihn. „Hallo, Kid", sage ich sanft. „Hier ist Miss. Ich hoffe, dass du deine Kisten nicht mehr brauchst. Und: Fröhliche Weihnachten, wo du auch bist!"

Zwischen den Zeilen der Liebe

Michelle Cox

Zu den kostbarsten Andenken, die ich aufbewahre, gehören die Liebesbriefe von meinem Mann aus der Zeit, bevor wir uns verlobt und dann geheiratet haben. Sie sind unendlich wertvoll für mich. Aber ich muss gestehen, dass ich einen meiner wunderbarsten Liebesbriefe von einem anderen Mann bekommen habe. Bevor Sie jetzt missbilligend nach Luft schnappen, erkläre ich Ihnen wohl besser, dass der Briefschreiber das Ebenbild meines Mannes in Miniaturformat war. Und das kam so:

Weil ich mich daran erinnerte, wie gern ich selbst als Kind Briefe bekommen hatte, fing ich an, meinen Söhnen Briefe zu schreiben, als sie noch sehr klein waren. Als ich eines Abends ins Zimmer unseres dreijährigen Jason schlich, hörte ich eine verschlafene Stimme leise fragen: „Was machst'n da, Mama?"

Ich setzte mich neben ihn auf sein Bett und antwortete: „Ich habe dir einen Brief geschrieben und ihn auf deine Kommode gelegt, damit du ihn morgen früh findest. Möchtest du, dass ich ihn dir jetzt vorlese?"

Er kuschelte sich ganz nah an mich und ich las:

Lieber Jason,
Papa und ich haben dich ganz doll lieb.
Du bist so ein toller Junge, und wir sind dankbar,
dass Gott dich in unsere Familie geschickt hat.
In Liebe, Mama

Nach einer Umarmung deckte ich ihn wieder zu und ging zurück nach unten, um noch Wäsche zusammenzulegen.

Als ich wenig später mit der fertigen Wäsche wieder nach oben ging, bemerkte ich, dass im Arbeitszimmer meines Mannes noch Licht brannte. Ich wollte es gerade ausschalten, als ich die kleine Gestalt bemerkte, die auf dem Schreibtischstuhl kniete. Ich trat in den Teil des Zimmers, der im Schatten lag, um unbemerkt zu sehen, was er dort tat. Ich beobachtete, wie er ein Blatt Papier zusammenfaltete und es in einen Briefumschlag steckte. Dann legte er den Brief auf meine Kommode und huschte zurück ins Bett.

Als ich den Umschlag öffnete, fand ich ein Blatt Papier, das Zeile für Zeile gefüllt war mit einer imitierten Handschrift, wie sie Kinder benutzen, die noch nicht schreiben können. Mit Tränen in den Augen dankte ich Gott dafür, dass ich Mutter sein durfte. Und wissen Sie was? Es war ganz leicht, den Brief zu „lesen" – ich las einfach die Liebe zwischen den Zeilen.

Und ich wurde einmal mehr daran erinnert, dass solche einfachen Worte der Liebe, die wir weitergeben, manchmal als unbezahlbare Geschenke zu uns zurückkommen.

Es gibt immer Hoffnung

Christina Vinson

In wenigen Tagen beginnt ein neues Jahr. Blicken Sie ihm mit Begeisterung oder mit Bangen entgegen? Fragen Sie sich, was das Jahr wohl bringen wird? Wird es Kummer oder Freude bringen? Werden Träume wahr werden oder zerplatzen? Wir kennen die Zukunft nicht, aber wir können darauf vertrauen, dass der Eine, der die Zukunft kennt, nur das Allerbeste für uns will. Gott hat die Kontrolle über alles. Und weil er die Kontrolle hat, gibt es immer Hoffnung. Selbst wenn Sie jetzt noch nicht wissen, wohin Ihr Weg Sie führt: Er kennt den Weg schon!

Er schreibt Ihre Geschichte – und es ist eine Geschichte voller Gnade und Barmherzigkeit und Erlösung, eine Geschichte, in der alles zu Ihrem Besten dient und ihm Ehre macht. Stützen Sie sich auf Gott. Geben Sie seinen Versprechen Raum in sich. Er liebt Sie und sorgt für Sie. Er ist zuverlässig. Er ist gut. Lassen Sie sich von ihm Ruhe schenken, denn wenn Sie mit Gott unterwegs sind, gibt es immer Hoffnung.

Mäuse im Schreibtisch

Autor unbekannt

Nun ist die Plätzchenbäckerei
wohl überall im Gange,
auch meine Frau war jüngst dabei,
in frohem Tatendrange.

Und die Dose, wohlverwahrt,
versteckt vor unserm Schlingel,
sind die Figuren aller Art;
die Herzen, Sterne, Kringel.

Geschützt vor jedem Zugriff rings,
vor jähem Überfalle,
steht das Gefäß im Schreibtisch – links,
und ist tabu für alle.

Jüngst kam Besuch, Frau Engelhardt;
man griff zur Plätzchendose –
und meine Frau war wie erstarrt;
die liebe Ahnungslose.

Sie blickte ins Gefäß hinein
und dann zu mir und lachte:
„Im Schreibtisch müssen Mäuse sein,
viel mehr noch als ich dachte!"

Es war nur noch ein Kringelrest,
ich sah es mit Erschrecken!
Was müssen Plätzchen vor dem Fest
auch so vorzüglich schmecken!!

Zum neuen Jahr
Eduard Mörike

Wie heimlicher Weise
Ein Engelein leise
Mit rosigen Füßen
Die Erde betritt,
So nahet der Morgen.
Jauchzt ihm, ihr Frommen,
Ein heilig Willkommen,
Herz, jauchze du mit!

In ihm sei's begonnen,
Der Monde und Sonnen
Am blauen Gezelte
Du Vater, du rate,
Du lenke und wende!
Herr, dir in die Hände
Sei Anfang und Ende,
Sei alles gelegt.

Quellenverzeichnis

S. 10: Dania König, *Reise*, aus: Dania König, Deine Seele will leuchten, © Gerth Medien 2021

S. 12: Max Lucado, *Ich liebe Weihnachten*, aus: Max Lucado, Das Geschenk von Bethlehem, © Gerth Medien 2017

S. 19: Annemarie Pfeifer, *Frieden finden*, aus: Annemarie Pfeifer und Sabine Bockel: Folge der Spur deiner Sehnsucht, © Gerth Medien 2021

S. 23: Hella Thorn: *Schlussplädoyer in einem Gerichtsverfahren*, aus: Countdown bis Weihnachten. Der Adventskalender, © SCM Collection 2012

S. 26: Joni Eareckson Tada, Der Stall, aus: Alice Gray (Hg.), Die Weihnachtsrose, © Gerth Medien 2011

S. 31: Jeannie S. Williams, *Das kaputte Christkind*, aus: Alice Gray (Hg.), Die Weihnachtsrose, © Gerth Medien 2011

S. 37: William Barcley, *Die Geburtsstätte des Königs*, aus: Alice Gray (Hg.), Die Weihnachtsrose, © Gerth Medien 2011

S. 38: Thomas Joussen, *Jupiter und Saturn*, aus: Joussen/Karliczek, In der Krippe kein Lametta, © Gerth Medien 2013

S. 40: Arthur Gordon, *Der Fischerbaum*, aus: Arthur Gordon, Jeder Tag ist voller Wunder. Geschichten zum Staunen, © Gerth Medien 2011

S. 45: Lothar Kosse, *Mein Lieblings-Weihnachtslied*, aus der Zeitschrift DRAN Next 01/18, Abdruck mit freundlicher Genehmigung des Autors

S. 46: Sigrid Offermann, *Das zerknitterte Papiersternchen*, aus: „Lydia" 04/2018, Abdruck mit freundlicher Genehmigung der Autorin

S. 49: Norris Burkes, *Meine Welt stand kopf*, aus: Kleine Wunder. Wahre Geschichten, © Gerth Medien 2008

S. 52: Charles Swindoll, *Tägliche Geschenke*, aus: Alice Gray (Hg.), Die Weihnachtsrose, © Gerth Medien 2011

S. 55: Verena Keil, *Öffnet die Herzenstüren*, © bei der Autorin

S. 61: Jürgen Werth, *Vom Holzschnitzer, der das Weihnachtsfest zurückbrachte*, aus: Jürgen Werth, Ich will dich beschenken! - Gott, © Gerth Medien 2020

S. 63: Dietrich Bonhoeffer, *Wunderrat*, aus einer Predigtmeditation zu Jesaja 5,5f., Weihnachten 1940, in: DBW 16,636

S. 64: Stefanie Gömmer, *Der weiße Teddy*, aus: Sternenglanz und Tannenduft, © Gerth Medien 2008

S. 71: Corrie ten Boom, *Für mich und dich*, aus: Corrie ten Boom [dt. von Elisabeth Bender], Weihnachtserinnerungen, © SCM R.Brockhaus 1979

S. 72: Ewald Arenz: *Josefs Geschenk*, aus: Ewald Arenz, Knecht Ruprecht packt aus, ars videndi verlag, Cadolzburg, 2. Aufl. 2010, S. 138–143

S. 77: Andreas Malessa, *Wer schenkt wem das Richtige?*, aus: Jede Falte hart erlacht. Humorgeschichten für die besten Jahre, © Gerth Medien 2019

S. 80: Verena Keil, *Vom Wunder des Schenkens*, © bei der Autorin

S. 82: Linda D. Hummel, *Ein unvergessliches Weihnachtsgeschenk*, aus: Pflaster fürs Herz, © Gerth Medien 2001

S. 85: Michelle Cox, *Zwischen den Zeilen der Liebe*, aus: Michelle Cox und John Perrodin, Vergiss nie, wer dich liebt, © Gerth Medien 2012

S. 87: Christina Vinson, *Es gibt immer Hoffnung*, aus: Christina Vinson, Alltagsoasen, © Gerth Medien 2019

© 2023 Gerth Medien in der SCM Verlagsgruppe GmbH
Dillerberg 1, 35614 Asslar

1. Auflage 2023
Bestell-Nr. 817992
ISBN 978-3-95734-992-7

Umschlaggestaltung: Hanni Plato
Umschlagmotiv: Shutterstock / Bukhavets Mikhail
Satz: Carsten Schmidt
Druck und Verarbeitung: GGP Media GmbH Pößneck
Printed in Germany

www.gerth.de